あなたは
QUI ES-TU?
誰？

リズ・ブルボー 著
Lise Bourbeau
浅岡夢二 訳
Yumeji Asaoka

すべてを引き寄せている〈自分〉をもっと知るために

ハート出版

感謝の言葉

私のこれまでの著書を読んでくださった
多くの読者の皆様に心より感謝申し上げます。
多くの方々が、私が講演したあとで私のところに来て、
読後の感想を述べてくださいました。
また、電話や手紙で感想を述べてくださった方も、たくさんいらっしゃいます。
そうした方々からエネルギーをいただいたおかげで、
私はこの本を書くことができました。

この本の出版を実現させるために協力してくださった皆さまにも、
心からの感謝を捧げさせていただきます。
ジャン・ピエール・ドワイヨン、ミシェル・ジャスマン、
オデット・ペルチエ、シルビー・サラール、フランシス・ルルー、
ピエール・ナドー、ギスリーヌ・ジルベールそしてジョアヌ・ジェテ。
さらに、私の素敵な協力者である私の〈内なる神〉、
すべての〈源泉〉である神に、心よりの感謝を捧げたいと思います。

そして、この本に書かれた知識を利用してくださる
すべての方々に、心の底から感謝申し上げます。
どうかこの知識を活用して幸せを発見し、
そしてそれをまわりに広げてください。

私はこの本を三人の子どもたち、アラン、アントニーそしてモニカに捧げます。
彼らは、私が愛を学ぶ上で、常に素晴らしい先生になってくれました。

QUI ES-TU ?
(WHO ARE YOU ?)

Japanese translation rights arranged with Les Éditions E.T.C. Inc ,Canada.
http://www.leseditionsetc.com/

はじめに

私は、本書の中でも、これまでの私の本におけるのと同様に、打ちとけた口調で語らせていただきたいと思います。そして、これまでと同じく、あなたのお友だちでいたいと願っています。

この本を読み進めていくうちに、あなたはこの本が**女性性**に向かって書かれていることに気づかれるでしょう。でも、だからといって、男性に読んで欲しくない、と言っているわけではありません。女性性というのは、男女の別にかかわらず、一人ひとりの魂の一部をなしている〈女性原理〉が持っている属性です。私は、長いあいだの探求を通して、現代の資本主義社会においては、男性も女性も同じように、みずからの〈男性原理〉を発達させすぎている、ということを知りました。

私たち一人ひとりの一部をなしている女性原理の役割とは、思いやりや優しさを発揮し、直観に従い、創造力とつながり、みずからをなげうち、一見非合理とも思われることを行なうことです。それなのに、世の女性たちは、そうした面を無視して、自分たちもパワーや勇気を持っていることを男性たちに見せつけようとしています。パワーや勇気というのは、理性や知性を用いることと同様に、男性原理の一部をなしているにもかかわらず、です。

女性原理がアイディアを得、男性原理が理性を使ってそのアイディアを実現すべきなのです。男性でも女性でも、他人を支配しようと思ったとたん、自分自身の力とのつながりを失ってしまいます。私たちの一人ひとりが男性原理と女性原理のバランスを取ることができるようになれば、みずからの内に調和が出現し、その結果としてあらゆるところに調和が出現するでしょう。

それぞれの章の最後には、短いまとめの文章が置かれていますが、あなたにはそれが自分のために書かれているように思われることでしょう。その文章の内容に意識を強く集中させてみてください。それぞれの章を読み終えたあとで、七日のあいだ、毎日二〇分ずつそのエクササイズを行なえば、必ず素晴らしい効果が現われるはずです。

エクササイズは、静かな部屋で、一人きりになって行なってください。椅子の上に背筋を伸ばしてゆったりと座りましょう。両手と両足を組めば、左半身から右半身へとエネルギーの流れが生じ、女性原理と男性原理が結びつけられるでしょう。からだの活力が高まり、集中力が増すのが感じられると思います。

文章の内容に意識を集中させる一方で、呼吸にも注意を向けるようにしてください。息を吸い込むたびに、白い光がからだに浸透して、心臓のあたりに向かって流れて行く様子を想像してください。そして、息を吐くたびに、その美しい光が無条件の愛となって、あなたの愛する人たちのところに届く様子を想像してください。そんなふうにして、一呼吸ごとに、あなたは愛を受け取り、そして放出します。このエクササイズはあなたをとてもリラックスさせてくれます。そのおかげで、あなたは文章の内容に容易に集中できるようになるでしょう。

私はそのエクササイズのあいだじゅう、あなたのそばであなたを見守っていようと思います。その後は、あなたの〈内なる神〉が、さまざまなことの理解と解釈を助けてくれるでしょう。

この本を読むことで、あなたがよりよく自分を知ることができたなら、私にとってそれ以上の喜びはありません。どうか、あなたの内に潜んでいる、〈とてつもなく素晴らしい存在〉を発見してください。それができれば、あなたが自分自身を愛することはとても簡単になるでしょう。そうしたら、どうかその大きな愛を、あなたのまわりにも広げていただきたいのです。

リズ・ブルボー

あなたは誰？　もくじ

第一章　あなたは〈進化する魂〉です

あなたはこの地上で進化しつつある魂です。地上で進化するために、あなたという魂には乗り物が必要でしょう。その乗り物があなたのからだなのです。あなたの魂は、この乗り物の真ん中あたり、つまり胸のあたりに宿っています。

あなたの魂がこの地上で実現したいと思っているのは、調和、つまり完全な幸福を実現することです。そして、完全な幸福に至《いた》るための唯一の方法が、いっさいの見返りを求めない、無条件の、絶対的な愛なのです。

魂が胸のところに宿っていることには大きな意味があります。私たちがハートを開くことによって、私たちの魂は進化が可能となるのです。そして、魂をおおっているこの肉体という乗り物は、魂が経験していることを表現する手段にほかなりません。魂が進化するにしたがって、乗り物もだんだん完全になってきます。あなたは経験を統御するのがより容易になり、やがてあなたの感覚も完全に統御できるようになるでしょう。

地上は学校のようなものだといえるでしょう。私たちは地上に、授業を受けに来たのです。授業を受けて、より多くの知識を獲得し、自分を発見し、自分の中の変えなければならない点を知り、自己変革を行ない、そして完全な幸福に至るわけです。なぜなら完全な幸福に至ることこそが、人生の目的だからです。この地上で起こることは、学校で起こることと本当にそっくりだと思いませんか?

いま、あなたが大学に行くことにしたと思ってください。あなたは学ぶために大学に行きますね。あなたの夢はエンジニアになることだとしましょう。あなたは工学部に入学し、そして講義を受け始めます。やがて、思っていたよりもその内容が難しいと感じるかもしれません。それに、大学の雰囲気も、そこにいる学生や先生たちも、あまりあなたの気に入りません。先生方はあなたが期待していたような教え方をしてくれません。要するに、すべてがあなたの想像とは違っていたのです。

さて、あなたはどうしますか? すべてを放り出して、まったく別の何かを始めることも可能です。あるいは、寛容、忍耐、理解を学ぶことによって、始めに感じていたほどここはひどい場所ではない、ということに気がつくかもしれません。その時、あなたは違う目で物事を見るようになるでしょう。

地上に戻るたびに、私たちは違った講義を受けます。何かを新しく学ぶためです。学びを深めることによって、私たちは、以前よりもまわりの人々や自然を愛することができるようになるでしょう。そして、そのことによって、私たちは、自分の中にいる〈神〉、大宇宙を創造した神とのコンタクトを深めてゆくことになるのです。

最も偉大な学者、最も偉大な天才、最も偉大な人間であっても、学んだことをみんなと分かち合い、自分の頭脳を人類のために役立てなければなりません。その結果、人類全体が偉大なる調和に到達することができるからです。

自分の才能やエネルギーや時間を、**愛の法則**に反して使った場合、必ずそのつけを払わされることになるでしょう。そのつけは今世で払うこともあれば、来世で払うこともあります。それぞれの人によって違うでしょう。

どんな思い、どんな言葉、どんな行動であっても、それが愛の法則に反したものであり、なんらかの苦しみを引き起こしたのであれば、遅かれ早かれ必ず当人に戻ってきます。

別の言い方をしてみましょう。私たちは地上に生まれるたびに、自分自身または他者のためにならない思い、言葉、行動をためてゆき、今度はそれを自分自身で体験することになるのです。自分が他人に対していったい何をしたのかを、ハートのレベルで思い知るためです。これが**カルマの法則**、または**原因と結果の法則**と呼ばれるものです。地上に生まれるたびに、それまでの転生でため込んだカルマから解放され、完全な幸福に向かって進んでゆくことになるでしょう。

いま私たちは**水瓶座（アクエリアス）の時代**に入っています。そのため、地上には特別なエネルギーが注がれており、人類の進化のスピードはどんどん速くなっています。以前だったら何十回もの転生をかけて実現していたことが、今世はたった一回の転生で実現できるようになっているのです。ですから、いま地上に生きているということは、とてつもない特権だといえるでしょう。

あなたの人生に起こることにはすべて理由があります。つまり、あなたは、そのことを通して愛の器を広げる必要がある、ということなのです。ですから、あなたにつらいことがあったからといって他者を恨むのではなく、また他者を非難するのでもなく、自分自身を深く見つめて、今あなたが経験していることはあなたの人生計画の一部である、ということを知るべきなのです。あなたがそれを受け入れることに抵抗すればするほど、それは続くでしょう。もしかすると、あなたは、一生のあいだ、それに抵抗し続けるかもしれません。

あなたが今それを刈り取っているということは、どこかで必ずその種を蒔《ま》いたのです。そのことを受け入れてください。そして、次のように自分に聞いてみましょう。「この経験から私は何を学ぶことができるだろうか？　この経験を生かしてさらに愛を深めるにはどうすればいいのだろう？」そうすれば、その苦しい状況は思ったよりもずっと早く解消してゆくはずです。

あなたの人生に起こることはすべて、過ぎ去ってゆくものです。それが長びくか、すぐに終わるかは、すべてあなたの心の持ち方によって決まります。

あなたの現在のからだの状態をよく観察すれば、あなたの魂がどんな状態なのかがよく分かるでしょう。からだというのは本当に素晴らしいものです。この本を一章ずつ読み進むにしたがって、あなたはからだがどれほど魂の表現となっているかを発見して驚くことになるでしょう。人間の構造について考えてみると、それが〈霊〉、〈魂〉、〈体〉という三つの部分からなっていることが分かります。あるいは、エネルギー・センターであるチャクラに注目した場合、七つの部分に分けることも可能でしょう。

あなたの中にいま小さな太陽のような魂が入っていると思ってみてください。あなたが愛を感じ、愛の行為をなし、愛を与え、愛の思いで言葉を発するたびに、この太陽が大きくなり、あなたの内に暖かさが広がり、光が広がるのです。この太陽が大きくなればなるほど、それはあなたのまわりに光を放ちます。

この光、この暖かさは、あなた自身を暖めるだけでなく、あなたのまわりにいる人たちをも暖めるでしょう。この内なる太陽の光は、あなたの考え、あなたの願い、あなたの目的を明るく照らし出します。この太陽が大きくなればなるほど、あなたの心の中にあるすべてのことがはっきりしてくるでしょう。

あなたの光はまた、あなたのまわりにいる人たちをも照らし出し、彼らが自分を、よりはっきりと知るためのきっかけとなるでしょう。あなたに接した人は、あなたから光をもらえるからです。

あなたはまわりの人たちに、良いタイミングで、それぞれにふさわしい言葉を発することができるようになります。そうすると、その人たちはあなたからもらった光に対して感謝をするようになるでしょう。そうしたことが起こるのは、あなたが内なる神を受け入れたからなのです。

進化するためには、変化を受け入れなくてはなりません。変化なしにはいかなる成長も不可能だからです。自分のまわりをじっくりと眺めてみてください。木を眺め、花を眺め、自然を眺めれば、学ぶことが本当にたくさんあることに気づくでしょう。

薔薇《ばら》が育つのを見れば、薔薇が絶え間なく変化し続けていることが分かります。もし薔薇が育つこと、大きくなることを拒めば、薔薇はたちまち死んでしまうでしょう。人間にとっても、それはまったく同じことなのです。

現在、地上では、実に多くの人たちが肉体に宿って生きています。でも、彼らは本当に生きているといえるでしょうか？　もちろん存在はしているのでしょう。でも、ほとんどの人が死んでいるように見えませんか？　それはどうしてなのでしょうか？

それらの人々は、愛のエネルギーに対して心を閉ざしているからです。彼らの意識はまだまだ目覚めていないのです。本当の幸福を知ることができるのに、それを知ろうとしません。

あなたは変化することを怖がっているのではありませんか？　もっとも、だからといって不安になる必要はないでしょう。なぜなら、人類のほとんどがそうなのですから。というのも、現在まで、変化するということは失敗を意味していたからです。

唯物主義に基づく時代だった魚座の時代のあいだは、同じことをし続けることが、安定のしるしであり、また賢さのしるしでもあったのです。あなたの両親やおじいさん、おばあさんは、たぶん、一生のあいだ、同じ場所に住み、同じ仕事をし、同じ考え方をしていたでしょう。彼らに進化の余地はありませんでした。八〇歳になっても、三〇歳の頃と同じ考えをしていたはずです。進化のスピードがとても遅かったのです。

でも、時代はいまや水瓶座の時代に入っています。水瓶座の時代とは〈霊性の時代〉であり、〈所有の時代〉ではなく〈存在の時代〉であるのです。もう、かつてと同じように生きることはできません。四〇年以上も同じ仕事を続ける人は、まれになってきています。オフィスでの仕事を捨てて農業を始める人もたくさん出ています。それまでとはまったく違う仕事につく人がとても増えているのです。こうした変化は、現在地球上で起こっている大変化の一部をなしています。

たとえば今、どれほど多くの人が離婚の苦しみを味わっていることでしょう。どうしてそんなに離婚が増えているのでしょうか？　みんなが悪い人間になってきているのでしょうか？　いいえ、そうではありません。ただ、人々の心が開かれてきているだけなのです。人々はさらに進化する必要を感じているだけなのです。

それまでの相手と一緒にいてさらに進化することが難しくなれば、別れる以外にないではありませんか。彼らは進化したいという気持ちが非常に強く、もはや誰もその気持ちを押しとどめることはできません。パートナーのうちの一方が、もう一方の考え方、生き方に抵抗してばかりいれば、それ以上一緒に生きることはできないはずです。

それぞれの考え方、生き方があまりにもかけ離れてしまったために、もう一緒に生きることはできないとパートナーの双方が考えて、その変化を受け入れることができれば、すべてがずっと簡単なものになるのでしょう。離婚したあとも友人でい続ければよいわけであり、お互いに行き来することだって可能なのです。そんなふうにして別れた場合、それは失敗とは見なされません。

一方、離婚が、敵意、憎しみ、恨みの中で起こったとしたら、それは愛に生きることだけを望んでいる魂にとって大きな悲しみのもととなるでしょう。

しかし、かつて愛し合っていた二人が別れることを決意し、離婚の過程が調和の中でなしとげられ、別れた後でもお互いに助け合おうと考えており、離婚からお互いが学ぶべきことをしっかり学んだのであれば、この離婚は良いことだったといえるのです。この二人がまた将来一緒に暮らさないとは限りません。

大切なのは、私たちの一人ひとりが、よりいっそう自分を愛するようになり、また他人を愛するようになることです。あなたに何が起こったかが大切なのではなくて、そのことを通じてあなたの魂がどれほど成長したかが大切なのです。私たちを取り囲んでいる現実は、まったくの幻想でしかありません。そして、それを証明するのはとても簡単なことです。

例をあげてみましょうか。今ここで一〇人の人が会議をしているとします。会議が終わったあとで、一〇人の一人ひとりに、自分がどんな場所で、どんな人たちに会い、どんなことを話し合ったのかを言ってもらってください。他の人と同じことを言う人はただの一人もおらず、それぞれがまったく違う内容のことを言うはずです。どうしてでしょうか？

それは、一人ひとりが、自分の考え方にしたがって絶えず現実を創造し続けているからです。各人が自分の現実を創り上げ、自分だけの経験をし、自分を知り、自分の何を変えなければいけないかを発見するのです。そして、当然のことながら、同じ場面にいたとしても、その内容は全員違っています。

もう一つ例をあげてみましょうか。子どもが三人いる家族を見つけてください。そして、一人ひとりの子どもに、「お父さんとお母さんはどんな人？」と、たずねてみるのです。

これは絶対にうけあいますが、一人ひとりが別の父親と母親を持っているのではないか、と感じられるくらい違うことを言うはずです。

ある子どもは、お母さんのことを厳しすぎると言い、ある子どもは、お母さんのことをとても優しいと言うでしょう。それぞれの子どもの、ものの見方、感じ方が違うからそういうことになるのです。それぞれが、同じ家族から学ぶべき別の課題を持っているのです。

唯物主義的な考えに凝り固まり、人間が霊的な存在であることを理解しない人たちが、おしなべて幸福になれないのは、いったいどうしてなのでしょうか？　それは、その人たち自身も、心の奥深いところでは、自分が魂であることを知っており、**魂は、所有のレベルではなく存在のレベルで生き、愛し、そしてみずからを養う必要がある**ということをひそかに感じ取っているからなのです。

人間は単に物を所有するだけでは幸せになれないようにできているのです。物だけに価値を置いている人たちは、物を持てば持つほど、さらに物が欲しくなります。彼らは、常に、より多くのものを、より良いものを欲しがるのです。

実際には、この〈より〜〉というのは、彼らの内なる神の思いなのだといえるでしょう。彼らの内なる神が彼らの魂、つまり愛を通して自分自身を表現したがっているのです。人間が物質という手段を通してみずからの内なる神とコンタクトしようとすると、地上には物があふれかえる結果となります。なぜなら、内なる神は常に無限を志向しているからです。事実、神は、宇宙のあらゆる存在が繁栄することしか願っていません。

しかし、物がどれほど豊富にあったとしても、もし心が幸せでなかったとしたら、そのことにどんな意味があるでしょうか？　心が幸せでなければ、やがてネガティブな感情が支配的となり、私たちの健康はそこなわれます。心そのものがみじめだったら、きらびやかな家具、お金、美しい家、ヨット、そしてぜいたくな旅行に、いったいどんな意味があるというのでしょうか？

魂が願っているのは、あなたが、いま自分のまわりにあるものを通して気づきを深め、あらゆる人の中に、自然の中に、あらゆるものの中に存在している神とコンタクトを取ることなのです。あなたの魂が望んでいるのは、あなたが、自分に起こるのはいやなことばかりだと考えて自己憐憫におちいることではなく、魂がどれほど偉大なものであるかに気づくことなのです。

あなたが自分自身を発見するためのとてもよい方法として、「あなたが素晴らしいのは、与えることができるからなのか、それとも、もらえることができるからなのか」について、じっくり考えてみることをお勧めします。

プレゼントをする際に、見返りを期待せず、気前よくプレゼントを買う代わりに、私たちは、もう少し安いものにしておこうか、などと考えることがけっこうあります。もしあなたにもそういう傾向があるのなら、あなたは他人から何をもらったかで自分の価値を決める人なのです。

誰かがあなたをほめてくれると、あなたはこう思います。「やった！　この人が言ってくれるのだから、私はやっぱりいい人なんだわ」

誰かがあなたにプレゼントをしてくれると、あなたはこう思います。「この人は私のことが好きなんだ。だってこうしてプレゼントをくれるんだもの！」

いかがですか。これが、他人からもらったもので自分の価値を決める、ということなのです。でも、いつまでもそんなことをしていると、魂がやがて病気になってしまうでしょう。他人に何かを期待していると、必ず感情に翻弄《ほんろう》されるようになります。感情に翻弄されている時、実は魂が、「助けて！」と叫んでいるのです。

自分を受け入れ、自分を愛し、そして他人を愛する代わりに、私たちはどうしても他人に対して何かを期待しがちになるのですが、それこそが《愛の法則》に反した生き方なのです。

毎日、見返りを期待せずに与え続けてごらんなさい。そうすれば必ず自分の価値を発見できます。あなたは、自分の持っているものしか与えられないのです。それが分かると、自分の生き方を変えるために努力するほかないことが分かるでしょう。あなたが自分自身の偉大な価値をひたすら見つめ、無償の愛を実践するなら、ものごとはすべて自然に、流れるように運ぶでしょう。

もう一つ、与える方法があります。それは〈許す〉ことです。その人のしたことが、たとえどんなことであったとしても、あなたがそれを許したとすれば、あなたは自分自身の同じ過ちを許したことになります。

その人はそんなことをしたけれども、その時点で一生懸命自分にできる限りのことをしていたのだ、ということが分かれば、許すことが容易になるでしょう。さらに、相手に愛が欠如していたからそうしたのではなくて、苦しかったからそうしたのだということが分かった場合も、相手を許すことが容易になります。

あなたに起こることには、すべてしかるべき理由があります。そのことが分かるようになると、カルマによる苦しみがかなり軽減されるでしょう。事実、あなたに他人を傷つけたという記憶がなくても、あなたが現にそうした攻撃を受けたということは、あなたは過去に蒔いた種を刈り取っている、ということを示しているのです。理由なしにものごとが起こるということはありえません。

だれかにいやなことをされたということは、あなたも同じようなことを、誰かに対して、考えや言葉、あるいは行動を通して、今世ないしは過去世のどこかで行なったということなのです。どこで、いつ、誰に悪いことをしたのか、ということを、くよくよ考える必要はありません。《原因と結果の法則》が間違うことは決してなく、理不尽なことは絶対に起こらないからです。誰かを許すことによって、あなたは自分自身を許しているのであり、そのことによってあなたの魂は成長するのです。

現在、地球を、憎しみ、エゴイズム、恨み、怨念の厚い層が取り囲んでいますが、それらはすべて低い感情のとりこになった人々が発したものです。でも、あなたがささやかな愛の行為を一つ行なうごとに、それが小さな光となってこの灰色の層に届き、その雲を晴らして少しずつ地球を明るくします。

いま地球を見ていて最も胸が痛むのは、人々が、苦しみから自分を守ろうとして更なる苦しみを生み出している、という逆説的な姿を見る時です。本当は、無条件に愛しさえすればすべてが解決するはずなのに。

例をあげてみましょう。拒絶されることをあまりにも恐《おそ》れるために、自分の方からまず相手を拒絶してしまい、その結果相手から拒絶される、という人が後を絶ちません。彼らは失うことから身を守ろうとして、かえって貴重なものを失ってしまうのです。

また、相手から裁かれまいとして、お互いに裁きあっている人たちが何と多いことでしょう。さらに、相手に非難されまいとして、お互いに非難し合っている人たちもたくさんいます。こうして悪循環が始まるのです。《原因と結果の法則》によって、自分がしたことが自分に返ってくる、ということがそういう人たちには分からないのです。

あなたの生き方を注意深く見つめてみてください。感情に翻弄されることによって、あなたは自分の人生を不幸にしていないでしょうか？　あなたは批判の的になることを恐れていませんか？　では、あなた自身は人を批判していないでしょうか？　あなたのからだをおおっているエネルギーを、愛のエネルギー、幸福のエネルギー、やすらぎのエネルギーに変えてゆきましょう。

地上での人生が終わると、私たちは、からだを脱ぎ捨てて目に見えない世界に帰ってゆくことになりますが、その時に、地上生活でため込んだ財産は何一つ持ってゆけません。**魂が持ってゆ**

けるのは、さまざまな経験や出来事を通して自らが行なった良き選択の結果だけなのです。

困難な状況だったにもかかわらず、愛に基づく行為をした場合、それが光として魂に蓄えられますが、私たちは、そのような勝利の光だけしか持って帰れないのです。そして、そんなふうにして困難な状況に勝利を収めた場合、もう二度とそうした状況を経験することはありません。

すでに触れたように、魂は、それぞれ、進化の度合いに応じた経験をすることになっています。人生を始めるにあたって、いくつかの要素はすでに決まっています。たとえば、どの両親のもとに生まれるか、どの国のどの町に生まれるか、小さいからだに宿るか、大きいからだに宿るか、といったようなことは生まれる前に自分で決めてあるのです。そんなふうに、かなりのことが、前もって決められています。

一方、そうした選択の結果に対してどのように反応するか、ということはあらかじめ決めることができません。自分で選んだことに対して地上でどう反応し、どのような判断をするか、ということによって魂が進化するかどうかが決まるのです。その人生においてどのように振る舞うかが私たちの幸福の度合いを決める、と言ってよいでしょう。

以下の章で私が述べることは、きっとあなたの役に立つと思います。というのも、あなたは今までの人生を振り返り、これからの人生を見定めて、自覚的に生きてゆきたい、と思っているはずだからです。

「はじめに」で触れたように、各章の最後にあげてある言葉を使って七日のあいだ精神を集中させ、瞑想してください。瞑想中は何の努力もいりません。何か考えが浮かんだら、それに抵抗せずに、自由に思い浮かぶままにしておけばよいのです。

私という存在は、神からの贈りものです。
私が意識のレベルを上げると、私という存在は、
神に対する贈りものとなります。

第二章　あなたは〈あなたが見るもの〉です

そうです！　あなたが見るものは、すべて、あなたが本当はどんな人間であるのかを**鏡のように**あなたに教えようとしているのです。

この考え方を受け入れることは、きっととても難しいでしょう。というのも、この考え方自体は複雑ではないのですが、私たちが見ているものが不愉快なものである場合、それが自分にも当てはまると考えることを、私たちのプライドが許さないからです。

一方で、また、私たちが誰かを素晴らしいと思って見ている場合、自分もまたその人と同じくらい素晴らしい人間なのだ、と考えることもなかなかできないものだからです。

あなたは自分のまわりをどんなふうに見ていますか？　一緒に暮らしている人たちをあなたはどんなふうに見ていますか？　一緒に働いている人々をあなたはどんなふうに見ていますか？

道で見かける人々を、買い物の時に見かける人々を、あなたはどんなふうに見ていますか？

あなたが見るものは、すべて、あなた自身を映し出す鏡なのです！　あなたがもし、この《鏡の法則》を、一日のうちほんのわずかなあいだだけでも、自分に対して適用したなら、あなたの生き方にとても大きな変化が生じてくるでしょう。

この地上における人生で、あなたが本当の自分を知り、そして進化してゆくために、あなたのまわりには鏡がたくさん置かれている、と想像してみてください。あなたがどこへ行こうとも、何をしようとも、必ずあなたの姿は鏡に映り、それをあなたは見ることになります。

攻撃的な人を見たとき、不快な言動をする人を見たとき、異様な振る舞いをする人を見たとき、それを他人と考えるのではなく、あなた自身が鏡に映っているのだ、と考えるのです。本当にそれができたとき、あなたの人生には決定的な転機が訪れるでしょう。

お風呂場の鏡の前に立ったとき、その鏡の中からあなたを見ている人があなた自身であることはすぐに分かります。そこに見える顔が、無表情であろうと輝いていようと、悲しそうであろうと嬉しそうであろうと、吹き出物ができていようとツルツルのお肌であろうと、それがあなたであることは明白です。もしそこに見えるあなたの姿が気に食わないとしても、あなたはそのことで鏡を恨むわけではないですよね？

それとまったく同じことがあなたの人生で起こっているのです。あなたが見る人々は、必ずあなた自身の一部をあなたに見せてくれているのです。毎日、あなたの〈超意識〉は、いろいろな出来事を引き起こして、その時点であなたが自分を知るために必要な人々を絶好のタイミングであなたのまわりに引き寄せてくれます。

でも、すでに言ったように、そのことを認めるのは簡単ではありません。一〇人のうち九人までは必ずこう言うでしょう。「そんなことは絶対にありえません！　私があんな人間だなんて！　私はあんなにエゴイストではありません。私はあんなにイライラしていません」あるいはまたこう言うかもしれません。「私はあんなにいい人ではありません。私はあんなに素敵ではないし、あんなに忍耐強くもありません」

私たちは絶えず、自分と他人を比較しています。そして、自分がその人より劣っている、あるいは優れていると判断し続けるのです。

しかし、そういうふうにし続ける限り、あなたが受け入れなかったタイプの人間は、今後もあなたのまわりに現われ続けるでしょう。

逆に、あなたが《鏡の法則》を素直に受け入れて、「私もあんなふうな物言いをしているのだろうか？」とか「この人と同じ面が私にもあるということね」と考えるようになれば、あなたのハートは大きく開かれてゆきます。

そうなると、あなたの内なる太陽が明るく輝いて、真実をはっきりと見せてくれるようになるでしょう。あなたのハートが開けば、〈額《ひたい》のチャクラ〉も開き始めます。あなたのハートの光が額に上昇し、そうしてあなたは悟るのです。あなたはこう言うでしょう。「そうか！　そうだったんだ！」そして、この新しい気づきによってあなたは幸せになるのです。

例をあげてみましょう。あなたのご主人は、ぐうたらです。仕事から帰るとテレビを見てばかりいます。そんなご主人を見るとあなたはイライラしてしまい、ご主人を心の中で裁き、「まったくいつもこれなんだから。何かをやるには私が計画を立て、そしてそれをこの人に頼まなければならないんだわ。この人はどうしてこんなにぐうたらなんだろう!?」と言うとしたら、あなたはその状況から何ひとつ学び取っていません。

あるいは、子どもたちが宿題をちゃんとやらず、また家の手伝いをきちんとしないので、あなたは彼らを怠《なま》けものだと決め付けているとします。実は、それらはすべて、あなたの中に怠け者の一面がある、ということをあなたに教えようとしているのです。

もちろん、あなたは自分が怠け者だなどとは思っていません。なにしろ、他人の中に怠け者を探すためにこんなに忙しくしているのですから！（笑）

あなたは、あなたの中の一部分が怠け者であるということを、絶対に許すことができないのです。そして、それは、あなたがこれまでの人生のどこかの時点で選択した考え方なのです。もしかすると、それはあなたが受けた教育のせいかもしれません。これまでに、つい怠けてしまった自分をいやだと思ったことがあるのではないでしょうか？

いずれにせよ、怠ける、ということはあなたに深い嫌悪感を感じさせるのです。本当はあなた自身が心の底でひそかにやりたいと思っていることを、実にあっけらかんとやっている人を見ると、あなたはものすごく不愉快になるのです。

極端な怠け者になりなさい、と言っているわけではありません。時々は、ゆったりとしてみてはどうですか、と言っているのです。時にはリラックスして、自分に一息つかせてあげましょう、と提案しているだけです。

いずれにしても、あれは良い、これは悪い、というふうに考える必要はないのです。誰かを、または何かを裁いたりする権利は誰にもありません。一人ひとりがその時点で自分にできる精一杯のことをしているのですから。

仮にある人が間違った行動をしたとしても、その結果を引き受けるのはその人でしかありません。ですから、あなたがその人を裁いたり、非難したりする必要はまったくないのです。あなたは自分が見たものをうまく使って、さらに自分を深く知るようにすればいいだけなのです。

もし、この《鏡の法則》をもっと広く、深く応用したいのであれば、とても役に立つエクササイズがあります。それをご紹介しましょう。

ひとり静かに座って、心を落ち着けてください。現在、あなたを最も不愉快にする人を一人選びましょう。その人は、巧みにスイッチを押して、あなたを必ず不愉快にします。紙とペンを用意して、その人のことを全く知らない誰かに紹介するつもりで、詳細に描写してみてください。

その人の長所、短所をすべて書き出すのです。

それから、それらの長所、短所の一つひとつが、自分にもないかどうかをじっくりと調べてみてください。もしかすると、それらが自分にもあるということに気づくには、数年以上かかるかもしれません。それほど、この作業はつらいものです。

でも、どれくらい時間がかかるかどうかは大した問題ではありません。重要なのは、あなたが自分のまわりの人たちを裁くことをやめ、その人たちを自分がどう見ているかを〈意識化〉することによって、さらに深く自分を知ろうと決意したことなのです。

この《鏡の法則》がすばらしいのは、自分が他の人たちをどう見ているかということを通してあなたが自分を知ろうと決意した瞬間に、あなたはその人たちのことを非難しなくてすむようになる、ということなのです。

あなたがその人たちを〈ハートの目〉で見ようと決意した瞬間から、その人たちはあなたの嫌悪の対象ではなくなるのです。その人たちが何を感じているのかにフォーカスすることになるので、あなたはその人たちを責める代わりに理解し始めるのです。

誰かが浪費するのを見ていると腹が立ちますか？　もしそうだとするなら、あなたは自分が何かを浪費しているのを許せないでいるのです。もちろん、その人とあなたでは、浪費の対象は違うでしょう。その人は、物を買ってお金を浪費しているかもしれません。それに対してあなたは無駄話をすることで時間を浪費しているかもしれないのです。あるいは、自分を進化させるためにエネルギーを使わないで、その貴重なエネルギーを他人を変えるために浪費しているのかもしれません。いずれにしても、自分の生き方をよく観察してみてください。必ず何かを浪費しているはずです。

あなたが車を運転している最中に、他の車が無茶な運転をして割り込んできたとしましょう。その時あなたはどう反応しますか？　まず怒りますか？　それからその運転手を裁き、責め、非難するでしょうか？

もしそうだとしたら、次に同じことが起きた時に自分の反応をよく観察してみましょう。ヒヤッとしたあとで、その運転手のどこが問題だったのかを考えるのです。あなたの車を無視したのでしょうか？　それとも単なる注意不足だったのでしょうか？

もし相手があなたの車を無視したのだったら、あなた自身どんなときに他人を無視しているか考えてみるのです。注意不足に関しても同じことをしてみてください。あなたは自分の考えを他人に押し付けようとすることがありませんか？　他人の生き方を無視するようなことはありませんか？　配偶者、子どもたち、職場の同僚に対してそういうことをしているのではありませんか？

あなたよりもお金を持っている人を見ると不愉快になることはありませんか？　あなたの家よりも良い家に住んでいる人を見ると、ねたみや、うらやみを感じませんか？　あなたよりも素敵な服を着ている人、あなたよりも良い仕事をしている人、あなたよりも給料の多い人、あなたよりも地位の高い人を見て、嫉妬《しっと》することはありませんか？　特に、あなたの方がその人よりも長時間働いているのに、その人ほど優遇されていない時に、あなたはそう感じるのではありませんか？　もしそうだとしたら、あなたがその人と同じにようになりたいと思っている、ということを素直に認めることから始めましょう。そして、それではなぜあなたにそれらのことが起こっていないのだろうか、と考えるのです。何がそれをさまたげているのでしょうか？　なんらかの外的な要因でしょうか？

いいえ、決してそうではありません。それをさまたげているのはあなた自身の考え方なのです。自分はそうしたことに値《あたい》しない、と考えているのかもしれません。あるいは、お金持ちに良い人はいない、お金持ちにスピリチュアルな人はいない、お金持ちはみんな貧乏人から搾取しているのだ、と考えているのかもしれません。そうした考えの中身が何であれ、あなたが現在お金持ちでないのは、あなたの考え方に問題があるからなのです。あなたがいま豊かな生活をしていないのは、ほかでもないあなた自身の考え方が原因なのです。

たとえば、食べ過ぎたり、飲み過ぎたり、要するに自分をコントロールすることのできない人を見て、あなたが不愉快に思ったとしましょう。そういう時には、自分を点検してみるのです。あなたをいま困らせている問題はなんですか？　自分をコントロールできないことですか？　誰かへの依存ですか？

もし、それが、自分をコントロールできないことであるとしたら、今あなたは、自分を時々コントロールできないことがあり、しかもそうした自分が好きではない、ということを〈意識化〉しつつあるのです。

あなたはこれまで何回も、ありのままの自分を認めることができずに、食べるのをやめようとしたり、感覚を喜ばせることをやめようとしたり、——つまり自分を強制的にコントロールしようとしてきたはずです。このように、自分が心ではこうしたいと思っているのに実際にはそれと反対のことをしてしまう場合、あなたの中には緊張が高まってゆき、そしてそれはやがて必ず爆発することになるのです。

つまり、病気になったり、アルコール中毒になったり、過食症になったり、セックスに溺れたりするのです。自分の生き方を無理にコントロールしようとすると、感覚のうちのどれか一つが逸脱し始めます。大切なのは、それと敵対して無理やりコントロールしようとすることではなくて、それと調和して自在に統御することなのです。

でも、いったいどうすればそんなことが可能になるのでしょうか？　まず、自分にはコントロールできないことがある、ということを率直に認めることです。そして、だからといって自分が悪い人間であるわけではない、ということをさらに認めるのです。仮に今そうだとしても、一生のあいだそうであるとは限らないわけです。

まず、自分のありのままの姿を完全に受け入れ、時々自分をコントロールできなくなることを認めましょう。いずれにしても、つけを払うことになるのは自分なのです。まず、自分を裁くことをやめ、他人を裁くこともやめましょう。そうすると、自分の問題が、たとえどんなものであっても、解決できるようになってきます。

「私は本当はこうではない。本当は自分をコントロールできるんだ」と思うと、問題はますます大きくなるばかりです。そうなるとストレスがどんどん増大し、あなたはますます老《ふ》けこむでしょう。

ここで、依存の問題を考えてみましょう。過食症の人であれ、アルコール中毒の人であれ、あるいはドラッグに依存している人であれ、そうした人たちを見てあなたが不愉快になるのであれば、あなた自身にもなんらかの依存があると考えてよいのです。

それはどんな依存でしょうか？　あなたが幸福になるために、あなたには誰が、または何が必要なのでしょうか？　配偶者ですか？　仕事ですか？　甘いものですか？　タバコですか？　他人のアドバイスですか？　あなたは今、自分に可能な限りの生き方をしていることを認めましょう。あなたの今の力ではその生き方が最高なのです。でも、やがて、あなたは、誰にも、また何にも依存しないで生きることができるようになります。

以上のことが分かれば、あなたは他の人の依存を責めることがなくなり、その人を受け入れることができるようになるでしょう。

ある人が、自分を統御できていないときは、その人は、自分自身の本当の力、自分の人生を創造することのできる偉大な力とコンタクトしていない、ということなのです。

現在、人類のほとんど全員が、小さな依存、中くらいの依存、大きな依存と、人によってそれぞれ異なりますが、何らかの依存をしていると言うことができます。

自分の幸福のために、誰も、あるいは何も必要としていない人は、人類全体のほんのわずかに過ぎません。しかし、自分をよりよく知り、自分を統御できるようになると、私たちは少しずつさまざまな依存から解放されてゆきます。

自分自身の裸の姿を鏡に映し、じっくりと観察してみてください。どんなふうに見えますか？　あなたはからだのどの部分が好きですか？　からだのどの部分をどのように変えたいですか？　もしあなたが自分のからだの多くの部分を受け入れていないとしたら、どうして他人がそれを受け入れられるでしょうか？　あなたのからだが存在しているのは、それを通じてあなたが自分をよりよく知るためであって、それを見るたびに自分をけなすためではないのです。

自分を醜いと思ったり、背が低すぎると思ったり、太りすぎていると思ったりすることは、自分を愛していることにはなりません。したがって他者の愛を引き寄せることもできません。あとの方の章で、自分の肉体の形を通して自分を知るための方法をお教えしたいと思っています。

自分は何を見ているのか、ということをはっきり意識するようにしましょう。そうすれば、自分がどんな人間であるのかが分かります。自分が何を見ているかを知ることは、自分が他者に何を〈投影〉しているかを知ることなのです。

自分の思うように洋服を着、お化粧をして家を出るとき、自分の思いがどんなふうなのかを確認しましょう。どこに行くのであれ、生きる喜びに満たされ、熱意と自信を持って、堂々と行きましょう。なぜですか、って？　そうすれば、その日、あなたは自分を美しいと思えるからです。毎日、自分が美しいと感じられた方がよいのではありませんか？

自分を美しいと感じるためにはからだの一部を変えなくてはならないのであれば、そのことを率直に認めましょう。やがて、あなたが特別な洋服を着なくても、特別なお化粧をしなくても、自分が美しいと感じられる日が必ずやってきます。

外を散歩する時、あなたの目には何が映りますか？　自然の中に何が見えますか？　あなたを〈内なる神〉とコンタクトさせてくれる美しいものだけを見ていますか？　あなたを喜びと良き感情で満たしてくれる美しい自然に対して感謝していますか？　それとも、ゴミとか、泥に汚れた雪ばかり見て、重苦しい心になっていますか？

美しいものだけを見るようにしましょう。あなたの全存在で美しい物を感じ取るようにしましょう。というのも、美しさは、あなたの〈感情体〉にとって最も大切なものであるからです。あなたが自分の内に、そして自分のまわりに、美しいものを見れば見るほど、あなたの人生は美しいものになってゆくでしょう。

自分のまわりを美しいもので満たすには、心がけを変えるだけで充分なのです。あなたが美しいと感じる場所だけを訪れるようにしましょう。美しい服を自分に買ってあげましょう。美しい内容の本を読みましょう。**あらゆる場所に美しいものだけを見るようにするのです。**

初めてよその家に行った時、あなたはまず何を見ますか？　建築の不備を見ますか？　ここは変えた方が良いと思われるところに目が行きますか？　それとも、その家の中の美しいところを選んで見るようにしていますか？　あなたが自分で何を見るかを選ぶことによって、人生は一瞬ごとに変化するのです。あなたが自分の望むように、物を、人を、状況を見るのをさまたげられる人は世界じゅうに一人もいません。

もちろん、他の人の影響を受けるということはあるでしょう。でも、最終的に何を見るのかを決めるのはあなた自身です。そして、それこそが、人生を創造する力なのです。それは真実の力、すなわちあらゆるところに美しいものを見る力です。

あなたの表面意識と潜在意識は、あなたの五感がとらえるものによって養われています。あなたが見るもの、あなたが聞くものが、あなたの精神を養っているのです。良い栄養をとるか、悪いものを吸収するかは、すべてあなた自身にまかせられています。

いま、あなたが雑誌、新聞、本のいずれかを読み始めたとしましょう。しばらくすると、あまり気分がよくないことに気づきます。読書が面白くないのです。そんな時は、直観の声に従いましょう。直観は、その雑誌、新聞、本を読むのをやめなさい、と言っているのです。必ずしも中身が悪いとは限りません。ただ、あなたがいま必要としているものではないのです。なにかインスピレーションを得ようと思って始めた読書であっても、あまり気分が乗らない場合、居心地の悪さを感じる場合は、無理をして読書を続けることはありません。やることを変えればよいのです。

さて、ここで、あなたの視覚を最大限に生かす、驚くべき方法をお教えいたしましょう。創造的ビジュアライゼーションと言われるものです。面白くもないことに時間をかけるのはやめて、将来そうなってほしいことを心のスクリーンにありありと思い描く、という練習を始め、それを習慣にまで高めていくのです。

なにかをしていて面白くないと感じられたら、すぐにそのことをやめ、目をつぶって心の内側を眺め、あなたが望む人生の様子をありありと思い描くようにしましょう。あなたに起こったいやなことを、意識の中で自分の望むことに置き換えてみるのです。その出来事、そしてそれに関わる人たちをまず思い描き、それをあなたが望むように変化させるのです。

さあ、あなたが望む現実を細部に至るまでありありと思い描いてみましょう。でもあなたは、「そんなことは気休めに過ぎません。自己欺瞞ですよ」と言いたいようですね。

よろしい。あなたの人生において、本当に大切なことはなんですか？　心地良く生きることですか？　それともいやな気分で生きることですか？　あなたをいやな気分にさせることに引きずられることですか？　それとも、良いことだけを思い描いて、気分良く生きることですか？

あなたの人生を創るのはあなた自身なのです。だとしたら、まず自分の願う人生を思い描くことから始めるべきではないでしょうか？　かつて地球上に生み出されたものは、ことごとく、最初はまず心の中に思い描かれたものだったのです。

第三章以降で、心に思い描いたことが実際の人生に表われるようにするための方法についてさらに詳しく語るつもりでいます。その最初の段階として、心の中に、あなたの願う状況を細部に至るまでありありと思い描くことから始めてみましょう。

例えば、鏡を見ては、自分が一五キロも体重をオーバーしているとため息をついてばかりいないで、目を閉じて、心の中にある鏡に、体重が一五キロ少なくなった素敵なあなたをありありと思い描くのです。できるだけはっきりと、またできるだけ頻繁にそのイメージを思い描くのです。

それは自分に幻想を抱かせることでも、おとぎ話の世界に逃げ込むことでもありません。それは、むしろ、幸福を作り出すために私たち全員に神から与えられた創造的な力を使う、ということなのです。あなたのビジュアライゼーションがうまくゆくように、心から祈っています。

この章を終えるにあたって、これから七日のあいだ瞑想するために、次のテーマを差し上げましょう。

私の魂の、最も奥深いところに隠されている美しさを見るには、心の目を使う以外に、方法がありません。

第三章　あなたは〈あなたが聞くこと〉です

そうです！〈聞く〉ことを通して、あなたは自分自身をよりよく知り、自分自身についてより自覚的になることができるのです。聴覚というのは、その意味でまことに素晴らしい感覚です。実は、ほとんどの人が、人から言われることの一〇パーセントも聞いていません。自分に都合のよいことしか聞かない、つまり、受け取った情報を心のフィルターにかけるのです。あなたもおそらくそうしているでしょう。というのも、現在のところ、目覚めた意識で人の話を聞ける人は、ほとんどいないからです。

私たちの耳は、愛を聞き取るために使われなければなりません。でも、あなたはこれを聞いて、とうてい受け入れ難いと思ったのではないでしょうか？　特に、あなたを批判してばかりいる人が身近に存在する場合、そう思ったに違いありません。そして、私にこう尋ねるでしょう。「自分の思う通りに私がしないからと言って、四六時中私を責めてばかりいる夫の言葉の中に、どうして愛を聞き取ることができるのですか？」

では、あなたが誰かを非難する場合に、あなたはその非難の背後に隠されている動機を自覚しているでしょうか？　それが何であるかを言うことができますか？　あなたはその人を愛していないから非難するのでしょうか？　そうではなく、その人を愛しすぎているから、あるいは不器用にしか愛せないから、非難するのではないですか？　愛し方は問題ではないのです。大切なのは、あなたが結局はその人を愛している、という事実なのです。これで非難の背後に隠されているものが分かったでしょうか？

夫であれ、子どもであれ、また友人であれ、あなたが誰かを非難するのは、その人があなたの期待に応えないからではないでしょうか？　あなたがその人に対して持っている期待通りにその人が振る舞わなかったから、あなたはその人を非難しているのではないでしょうか？　その人が、あなたの思った通りに考えたり、話したり、行動したりしないから、あなたはがっかりするのではないですか？　それで、あなたはその人を非難し始めるのです。それはなぜでしょうか？　その人は別のやり方で振る舞うべきだった、とあなたが心の中で強く思っているために、あなたはその人にそれを教えてやりたいのです。だから、非難するのです。

こう考えれば、あらゆる非難は愛に基づいている、ということが分かるでしょう。その愛に気づくためには、相手の言うことにじっくりと耳を傾けさえすればよいのです。もしも、あなたを非難している人が、あなたに本当の関心を持っていないのなら、その人はあることないことを何でも言うでしょう。そういう場合は、その人の言葉はあなたの頭のはるか上の方を通り過ぎるだけです。あなたは、その人を非難しようとはまったく思わないでしょう。なぜなら、その人の言葉や行動はあなたに何の影響も与えないからです。

一方で、あなたを大切に思っているがゆえにあなたを非難する、という人たちがいます。その場合、必ずあなたのいずれかの言動に関して、あなたを非難するはずです。たとえば洋服の着方であったり、話し方であったり、笑い方であったり、仕事の仕方であったりするでしょう。その非難は、あなたの振る舞いに関するものであり、あなたの本質、あなたの本当の姿に関するものではありません。

それにもかかわらず、あなたは不愉快に思うはずです。というのも、あなたは、自分が拒絶された、自分は深いところで愛されていない、と感じたからなのです。しかし、実際には、その人は、あなたの本質、あなたの深いところにある人間性を否定したのではありません。あなたの人間性は愛しているのです。その人が非難したのは、ただ単にあなたの振る舞い方、つまり言動に過ぎないのです。

次に、誰かがあなたのところにやってきて愚痴をこぼし始めた、と考えてみましょう。そういう時は、その人がただ単に愚痴を聞いてもらいたいだけなのか、あるいはあなたに対して真剣にアドバイスを求めているのかを、きちんと見分ける必要があります。

というのも、そうしないと、その人が求めてもいないのに余計なアドバイスを押し付けることになりかねないからです。自分にはその問題を解決してあげる自信がある、と思い、相手が、「アドバイスをしてくれてありがとう」、と言っている場面さえ思い浮かべてしまうのです。ところが、現実には、相手はアドバイスを求めていないことが多いのです。ほとんどの場合、愚痴を言う人は、現状を変えるために何かをしなければならない、とは思っていません。ですから、あなたがいくら良いアドバイスをしたとしても、きっと無駄になるでしょう。相手は、そんなことなど聞きたいと思っていないのです。

アドバイスをしたくなった時は、相手がアドバイスを必要としているかどうかを必ず確かめてください。その人が話し終えるのを待って、アドバイスを必要としているか、助言を必要としているかを尋ねるのです。相手の反応を見れば、自分が何をなすべきかが分かるでしょう。

しかし、私たちが相手に与えるアドバイスは、実は自分自身に与えなければならないアドバイスであることが多いのです。それは、むしろ自分がまず実行しなければならないアドバイスであるのです。ですから、実際には、そのアドバイスはその人には役立ちません。

よくこう言うではありませんか。「猫に小判をあげるのは簡単です。でも、それで猫に何をせよ、と言うのでしょうか？」猫には、小判ではなく、好きな食べ物をあげる必要があるのです。人間もまたこの猫に似ています。その人が本当に必要としていること、その人が聞きたいことを言ってあげる必要があるのです。自然が好きな人に対しては、自然のことを語るべきでしょう。木々の中に、太陽の中に、花々の中に姿を表わしている神について語るべきでしょう。そうすれば、その人はあなたの言うことを理解できるでしょう。

いつも愚痴を言ってばかりいて、あなたがどれほどアドバイスをしてもそれを実行せず、相変わらず問題を抱え込んで不幸な生き方を続けている人、というのがいますね。今度その人があなたに愚痴を言いに来たら、話をじっくり聞いた上で次のように言ってあげるといいでしょう。「お話はよく分かりました。ところで、その問題を解決するためにあなたは何をしようとしておられますか?」その人は意外な顔をしてたぶんこう言うでしょう。「だって、私にはどうしようもないんですよ。ぜんぶ相手が悪いんですから、私にできることは何もありません」

そうしたら、こう言ってあげるのです。「あなたがお困りになっているという問題についてはもう充分にお聞きしました。今度はあなたがこれからどうしたいのかをお聞きしたいのです。あなたはその問題を解決するために、具体的にどんなことをしようと思っていらっしゃるのですか?」

たぶん、この言葉は相手にショックを与えるでしょう。その人は怒って、もうあなたに口をきかなくなるかもしれません。あるいは、もしかしたら、あなたのその言葉を聞いて、自分の生き方についてじっくりと考え始めるかもしれません。

実際には、その人が求めているのは、次のような慰めの言葉であることが多いのです。「心配しないで、大丈夫だから。きっとうまくいくわよ。じっと我慢していればきっと時間が解決してくれるわ」その言葉を聞いて、その人はこう言うでしょう。「ああ、やっと気分が晴れてきたわ。あなたと話をするといつもそうなの」

とはいっても、そのあいだ、その人もあなたも、その人が抱え込んでいるネガティブなエネルギーをポジティブなエネルギーに変えるために、何か具体的なことをしたわけではありません。その人は、これからも不幸な生き方を続けるだけでしょう。

他人の不幸に責任のある人は、この地上にただの一人もいません。ですから、あなたはどんな人の不幸の責任であっても引き受ける必要はないのです。あなたがしなければならないことは、その人を導き、その人が自分と他人をよりよく愛せるようにしてあげることだけです。そうすればその人は、あらゆるところに神を見るようになるでしょう。あなたの役割は、その人を中途半端に励ましてエネルギーを与え、愚痴を言い続けられるようにしてあげることではありません。

いま自分が聞いたことがどうも嘘らしいと、心の奥底で感じることはありますか？ そんな時、あなたはどんな態度を取りますか？ 表面上は相手の言っていることを信じる振りをしながら、心の中で相手を批判しますか？ もしそうだとしたら、あなたは相手と同じくらい嘘をついていることになるでしょう。なぜなら、心ではあることを考えているのに、相手には別なことを信じさせているからです。

もしあなたの身近にいる人が真実を生きていないことに気づいたら、その人は実はあなた自身が真実を生きていないことをあなたに気づかせるためにそこにいるのだ、ということを知ってください。

あなたが嘘をつくとき、それは意地悪からなのではない、ということをあなたは自覚しているでしょうか？　嘘をつくのは、ほとんどの場合、恐れが原因なのです。状況に自分を合わせられないのではないかという恐れ、間違えるのではないかという恐れ、笑われるのではないかという恐れなどが原因なのです。

ですから、他の人が嘘をついているのに気づいたら、その人もまた恐れを抱いているのだ、と認めてあげましょう。彼らを批判するのではなくて、彼らの中にいる小さな子ども――インナー・チャイルド――が恐れているのだと考えてあげましょう。

もしあなたが状況を変えたいのであれば、今日からただちに真実を生きるようにしてください。もし相手の言っていることが嘘に感じられるのであれば、それをすぐに言ってあげるようにしましょう。たとえば、次のように言えばよいでしょう。

「もしかするとこれは私の思い過ごしかもしれないのだけれど、どうもあなたの考えていることと言っていることが違うような気がするの。あなたが経験したこと、実際に起こったことと、あなたが言っていることがずれているように感じられるの。私の中になにか違和感があって、それをあなたに言っておかないと、どうしてもあなたを非難してしまいそうな気がするの。だけど、私は本当はあなたを非難したくないのよ」

そんなふうに言っているとき、あなたは、自分に対しても、相手に対しても、本当のことを言っていることになります。相手の反応がどうであれ、少なくともあなたは自分自身の心にそむかなかったのです。そうやって続けてゆけば、真実を生きることがだんだん容易になってゆくでしょう。

「これをしなさい」「あれをしてはいけません」といった権威的な言葉を聞いたとき、あなたはどのように反応しますか？　言われたことと正反対のことをしたいと思いますか？　あなたは権威に対して反抗しますか？

ここで《鏡の法則》を思い出しましょう。あなたが相手の態度を不快に思うとき、相手の態度はあなたが持っているものを映し出しているのです。あなたはそのことを認められないのではありませんか？　あなたは表面上は権威的に振る舞っていないかもしれませんが、心の奥底には権威主義的なところが隠れているのではありませんか？

いずれにしても、考えていることと行動が違っているとき、あなたは必ず批判的になるはずです。自分自身に対して批判的になることもありますし、相手に対して批判的になることもありますが、それは大した違いではありません。少なくとも、批判的になっているあいだは、あなたはまわりを調和の目で見ていません。あなたのまわりの人たちは気分がよくないことでしょう。あなたが批判的な気持ちでいると、それが悪《あ》しき波動となってまわりに発散されるからです。

あなたは、権威主義的な言葉よりも、愛に満ちた言葉を聞きたいはずです。権威主義的に振る舞う人というのは、恐れを隠すためにそのようにしていることがほとんどなのです。もしかすると、その人はあなたを助けたいのかもしれません。でも、その人は、そんな場合でも、権威主義的に振る舞うことしかできないのです。おそらく小さいときに、そうした振る舞い方を覚えてしまったのでしょう。両親がそのように振る舞って愛を表現する人だったので、自分もまた愛を表現する時に権威主義的に振る舞ってしまうのです。

そんなふうに相手を理解することができれば、相手の言葉に傷つくことはなくなるでしょう。相手が苦しんでいることが分かるからです。相手が不安だということが分かるからです。相手がどのように振る舞おうとも、あなたはそこに愛を見ることが可能となるのです。あらゆる表現は、愛が変形されたものに過ぎません。したがってあなたはもう、おびえなくてもよいのです。「愛を聞くために耳を使う」というのはそういうことです。そうすることによって、各人のうちに潜む神とコンタクトすることが可能になるでしょう。人類は、まだ、みずからの内なる神を表現する術《すべ》を知らないのです。私たちは愛を表現するのにあまりにも性急すぎるのです。みずからのうちに潜んでいる愛を表現することにまだまだ慣れていないのです。

あなた自身、それを自覚しているのではありませんか？　あなたが使う言葉は、必ずしもあなたが心で感じていることと同じではないはずです。もし自分自身を本当に愛したいのなら、今日からさっそく人々の言っていることに真実を聞き取る必要があります。もし、うまくメッセージを聞き取れないのであれば、もう一度くり返して言ってもらい、そこに愛を聞き取るようにしましょう。それを実践すれば、あなたの人生は根本的に変わるはずです。

ですから、あなたが聞くことは、すべて、あなたの人生を変えるための力になるのです。自分で自分の人生を変えられるのに、その素晴らしい力を使わずにいるというのはとても残念なことではないでしょうか。

実際、あなたが人の言うことを受け入れない時、そして人の言うことを聞いて怒る時、あなたはこの力を放棄しているのです。しかも、あなたが自分の大切な力を放棄するたびに、あなたは怒りを自分のうちに感じます。この怒りは徐々にため込まれて、やがていつか爆発することになるでしょう。つまり、あなたはコントロールを失うのです。

怒りが他者に向けられることは本当に少ない、ということを理解しておくことも大切です。ほとんどの場合、怒りというのは自分自身に向けられます。怒りを引き起こしたのが他者であり、その他者に怒りが向けられているように思われても、実際には怒りは自分自身に向けられていることが多いのです。

自分に関することで、私たちが最も聞きたくない不愉快な言葉は、実は自分自身が発した言葉であることがほとんどなのです。それは口に出しては言われない場合が多いのですが、心では確実にその言葉を発しています。そういう場合には、私たちの〈超意識〉は、必ず私たちの目の前にそれと同じ言葉を発する人を連れてきます。

もちろん、その人が真実を言っているとはなかなか受け入れがたいでしょう。私はそのことをよく知っています。私たちは、だれかに辛辣《しんらつ》なことを言われると、その人は自分を愛していないのだと考えがちなのです。でも、そうした言葉も実は愛に裏づけられているということが分かると、もう不安を感じることはなくなるでしょう。その人がどんな言葉づかいをしようとも、背後には愛が潜んでいる、ということが確実に分かるようになるからです。

時間があるとき、あなたは何を聞いていますか？　心を癒《いや》してくれる美しい音楽を聞いていますか？　それとも、神経を刺激し、興奮させる耳ざわりな音楽を聞いていますか？　自分をさらに理解し、自分をよりよく愛せるようになるために、質の高い番組を見ていますか？　それとも、あなたを混乱させ、不安にさせ、自分に対する疑いを持たせる有害な番組を見ていますか？　悪いニュースばかり聞いていませんか？　ラジオやテレビで良いニュースを流すことは、残念ながら本当にまれです。

アメリカのカリフォルニア州で、ある人が、良いことだけを載せた新聞を発行したそうです。結果はどうだったでしょうか？　残念ながらすぐにつぶれてしまったそうです！　悪いニュースを目にしたがる人が多すぎるのです。なぜなら、「いずれにしても、私の人生はこれほどひどくはない」と思えるからなのです。ひどいニュースと自分の人生を比べたいのです。でも、そんなことをいくらしたところで、果たして幸福になれるでしょうか？

幸福になるためには、素晴らしいことを聞き、素敵なことで心を満たす必要があります。そうすることによって、初めて、喜びに満たされた人生が可能となるのです。

幸福になるためにも、他の場合と同じく、学び、練習する必要があります。ピアノが弾けるようになるためには、先生について習う必要があるでしょう。スケートがうまくなるためには、スケートの先生に習う必要があるでしょう。幸福になるためには、どうすれば幸福になれるかを学ぶ必要があるのです。

ラジオやテレビであなたが聞きたくないことをしゃべっているのであれば、あなたは番組を変えさえすればよいのです。話している相手がいやなことを言うのであれば、話題を変えてほしいと頼むだけでよいのです。もし、それでも相手が話題を変えてくれないのなら、あなたはそこを立ち去るだけです。他の場所に行って、あなたを幸福にしてくれることをすればよいのです。あなたは自由意志を持っているのですから。聞きたくないことをあなたに聞かせる権利は誰にもありません。

地上では、あらゆることが二極に分かれがちです。高と低、善と悪。**あることがらはあなたを神に向かわせ、別のことがらはあなたを神から遠ざけます。**

何かを前にして迷ったときは、あなたの直観に従えばよいのです。極端なぶれに直面することによって、私たちは自由意志の発揮の仕方を覚え、さらに選択の結果を引き受けることを学ぶのです。こうして、**あらゆることが私たちの進化をうながします。**

次にあげる言葉に、七日のあいだ、少なくとも二〇分は意識を集中させてください。

私が頼めば私を不愉快にした言葉をすぐに訂正してくれる人は、私の友人です。

私はその人の言うことに、耳をかたむけ始めます。

第四章　あなたは〈あなたが言うこと〉です

あなたが使う言葉の一つひとつは、あなたのうちで起こっていることの表現です。あなたが自分を本当に知りたいのであれば、すなわち、あなたが心の奥深いところで何を考えているのかを知りたいのであれば、あなた自身が発する言葉を注意深く聞く必要があるでしょう。あなたが他人に対してどんなことを言っているのかを注意深く聞くのです。

《黄金律》のうちで最も大切なことの一つは、嘘をつかない、つまり自分自身に対して誠実である、ということです。あなたが真実を言うことをさまたげるものは、実際には何一つないのです。とはいえ、いつも思ったことをそのまま口にしなさい、と言っているわけではありません。

ただ、いったん言うことにした以上、あなたは常に、自分自身に対しても、まわりの人に対しても、真実を述べなければなりません。真実を述べるということは、あなたの心に生起することを率直に、正確に語る、ということです。「真実の人」とは、感じたことや考えたことと言うことが一致する人のことです。

誰かと会話をする際には、その会話が、あなたにとっても相手にとっても、役に立つものになるように心掛けてください。もし、会話をしたあとで、前よりも元気になっていないとすれば、あなたが口にした一つひとつの言葉は、単なるエネルギーの無駄づかいでしかなかったことになるでしょう。役に立たない言葉を発することによって、人類は最大のエネルギーの浪費を行なっている、と言う人さえいるほどです。単なるおしゃべりからは、私たちは新しいことを何一つ学ぶことができません。

あなたが誰かに意見を求められた場合、あなたがそれを率直に述べればその人を傷つける恐れがある時は、必ず次のように言ってください。「私の考えを率直に言うと、あなたを傷つけるかもしれません。私の答えは、あなたが求めているものとは違うかもしれないからです。でも、私は、思ってもいないことは言いたくありません。もしあなたに求められなければ、私は意見を言わないだろうと思います。でも、あなたがそれを知りたいのであれば、率直に言わせていただきます。よろしいですか?」

たぶん相手はあなたの真意をすぐには汲み取ることができないでしょう。しかし、時間がたてば、本当にあなたが言いたかったことを理解するかもしれません。あるいは、もしあなたが言った真実をどうしても受け入れたくないのであれば、次からあなたに意見を求めることはしなくなるでしょう。

また、相手から意見を求められたわけではないけれど、どうしても相手に言いたいことがある場合も、同じようにするとよいでしょう。自分の意見を言う前に、相手にそれを言ってよいかどうかを尋ねるのです。あなたに言いたいことがある、私は自分自身に対して誠実でありたいからそれを言うのです、それも歯に衣《きぬ》を着せずに率直に言いたいのだけれども、それをあなたは聞いてくれるだろうか、と聞いてみればよいでしょう。そういうふうに聞くのは決して簡単なことではありませんが、それでもそうすべきなのです。

あなたが相手にとって役立つことを言うために、エネルギーを有効に使っているかどうかを検証するためのとてもよいエクササイズがあるので、それをここでご紹介しましょう。一日の終わりに、あなたが相手に言ったことを書き出してみるのです。そして、それを読んで、あなたの心が満たされるか、心地よくなるか、エネルギーを感じるか、躍動感を得られるかを調べてみるのです。もしそういうふうに感じられるとしたら、あなたが話をした相手も同じように感じたと考えていいでしょう。

あなたに対し、他人の噂話や陰口を言う人がいた場合、ただちにそれをやめさせることが大切です。そうすることによって、あなたはエネルギーの無駄づかいを避けることができるからです。もちろん、聞いたことをあなたがまた他の人に言うなどということは論外でしょう。

もしあなたが、怒りを感じたのにそれをうまく表現できずにため込んでいるとしたら、それをしっかりと表現しておかなければなりません。怒りを表現することは、ストレスをためないためにはとても大切なことなのです。もちろん、その怒りを無闇に爆発させてはなりません。**他の人を変えるために怒りを使ってはならないのです。**あくまでも統御した形で表現する必要があります。

言葉をしっかり選び、我を忘れることなく、ブレーキをかけながら表現しましょう。怒りを爆発させることは、誰のためにもなりません。それはきわめて不健康なことなのです。一般には、怒りを表現することはコントロールを失うことだと考えられていますが、必ずしもそうではありません。断乎とした強い語調で、興奮せずに、正当に怒りを表現することは可能なのです。怒りを押し殺してはなりません。

もしあなたがうまく自己主張できず、自分の考えをはっきり述べることができないタイプの人だとしたら、さっそく今日からそんなふうにできるように練習しましょう。そして、日々ささやかな勝利を得るようにしましょう。

これまでだったら我慢して飲み込んでしまっていた一言を、勇気をもって発するだけでもよいのです。そんなふうに使われたエネルギーは、必ずあなたに心地よさをもたらしてくれるはずです。くり返し練習することによって、他の場合と同様に、それはますます容易になってゆくでしょう。

あなたの言うことを人に聞いてもらいたいのでしたら、決して自分の方が相手よりも優れていると思ってはなりません。そんなふうにして相手を見下すのは、まさしく霊的な傲慢さに他ならないのです。どうしても自分の方が相手よりも優れていると思いがちですが、これは多くの人がついついおちいりがちな罠《わな》なのです。

また、言葉の力がきわめて強いものだということを自覚することも大切でしょう。人に向かって話す時、あなたは自分の言葉を自覚的に用いていますか？　自分が使う言葉を意識して選んでいますか？　どんな言葉を使うか、どんな表現をするか、ということが、あなたの内面を見事にさらけ出すことになるのです。

ある人々は、会話の途中で、「いいえ、私が言いたかったのはそういうことではありません。私が言いたかったのは、むしろ……」というような言い方をします。そして、まったく逆のことを言うのですが、しかし、その時にはもう遅いのです。最初の言い方が、その人の心の奥に潜んでいたものをさらけ出してしまったからです。

「**もし可能なら、……したいですね**」というような物言いをしている場合、あなたの言葉は愛に裏付けられているとはいえません。むしろ**それは恐れに基づいているのです**。「もし可能なら、来年旅行に行きたいと思います」とあなたが言うとき、「私は来年旅行に行きたいと思っていますが、でもたぶん行けないだろうと思います」と言っていることになるのです。

その恐れの原因は、お金がないことや時間がないことかもしれません。あるいは、自分が旅行に値しないのではないか、という気持ちなのかもしれません。そして、すでにあなたも知っているように、あなたが何かに対する恐れを表明すると、そうした事態が現実世界に形をとって現れます。したがって、あなたが、「もし可能なら、旅行に行きたいと思います」とくり返している限り、あなたは決して旅行には行けません。

あなたが、**「~でなければよかったのに」**という言い方をするときも、**あなたは恐れを表明していることになります。**たとえば、「息子がドラッグに手を出さなければよかったのに」「夫が家を出て行かなければよかったのに」「失業しなければよかったのに」というような言い方をしている場合、あなたは無意識の深いところに潜んでいる恐れを表明していることになります。「実は~になるのではないか」という恐れがあなたの無意識の中にあり、その恐れがひそかに働いてその恐れに見合う現実を招きよせてしまったのです。

たとえば、あなたが、「**もし可能なら、**英語を話せるように**なりたいのですが**」と言うとき、それは実際には、「私は英語を話したい**と思いますが、**そうできるようになる**かどうか不安です**」と言っていることになります。そして、あなたが、「そうできるようになるかどうか不安です」と言うと、英語を学ぶためのエネルギーをブロックしてしまうことになるのです。

それはどうしてでしょうか？　ここで思い出していただきたいのが、あなたの人生を作れるのはあなた自身だけであり、あなたは、聞くこと、見ること、感じること、考えること、言うことを通じて自分の人生を作り上げている、ということなのです。あなた自身があなたの人生を作り上げているのです。ですから、あなたは自分の力を上手に使わなければなりません。

あなたが、「**〜すべきではない**」と言う時、たとえば、「私は遅く寝るべきではない」とか「お金は好きなだけ使うべきではない」と言う時、実はあなたは、「**私はそうしたい。でも、ある時、私はそれがよくないことであり、正しくないことであると決めたのです**」と言っていることになります。

ですから、あなたが何かをしたいと思い、しかもそれを「正しくない」と感じた時、あなたは自分の本当の欲求を聞いてあげていないことになるでしょう。その場合、あなたの左脳的知性が優位に立っているのです。

左脳は、あなたのために理性的にものごとを決めます。そして、左脳というのは、あなたのまわりにいる人たちの考え方――つまり善・悪に基づく二分法の考え方――があなたの人生を支配していた時に、あなたがしたさまざまな決意によって大きな影響を受けているのです。その頃のあなたの決意は、あなたが本当にやりたかったことに基づいていたのではなくて、まわりの人たちから押し付けられた善悪の二分法に基づいてなされていたといえるでしょう。

実際、あなたが遅く寝ようと決意し、お金を好きなだけ使おうと決意し、自分はそれに値すると考え、誰に対しても負い目があるわけではないと決意すれば、人生はあなたの思い通りに展開してゆくのです。「こんなに遅く寝るべきじゃない」と思いながら寝るたびに、あなたは罪悪感を感じ、そして翌朝は疲労困憊《こんぱい》して起きることになるでしょう。「こんなにお金を使うべきじゃない」と思いながらお金を使うと、あなたは罪悪感を感じ、せっかく買った物を充分に楽しむことができません。

何かを買い、そして罪悪感にさいなまれる場合、やがてあなたはそれを壊すか、なくすかすることになるでしょう。なぜなら、自分がそれを買ったことを罰する必要があるからです。ですから、自分の左脳的知性の言うことを聞くのではなくて、自分の本当の欲求を聞いてあげることが大切なのです。

あなたが「**〜すべきだ**」という言い方をするとき、あなたは非現実的な願いを表明していることになり、それを実現するためには膨大なエネルギーが必要となるでしょう。「毎日これこれをすべきだ」「子どもに対してもっと寛大になるべきだ」「今日じゅうに勉強を終えるべきだ」などと言うとき、あなたは、「**〜したほうがよいことは分かっているけれど、実際にはそうしたくない**」と言っていることになるのです。なんとしてでもその「〜すべきだ」を実現しようとすると、あなたは自分の本当の欲求に反して行動することになります。ここでもまた、左脳的知性が、善・悪の二元論に基づいて判断し、あなたの人生の舵《かじ》を取ろうとしているのですどうですか？　言葉がどれほど大切かということが分かったでしょうか？　他の人が言っていることをよく聞き、また自分が言っていることをよく聞いてください。そうすることによって、あなたは自分自身をさらに深く知ることができるでしょう。

あなたは「**～したいけど、時間がない**」というような言い方をしませんか？　でもそれは錯覚に過ぎません。それは自分に嘘をついているだけなのです。**あなたは実際には、それよりも大事なこと、それよりも興味深いことをする、という選択をしているだけなのです。**

自分の気持ちにもっと正直になりましょう。そして、自分をだますのはもうやめましょう。あなたがそれをしなかったのは、時間が足りなかったからではないのです。あなたは自分がやりたいことを自由に選ぶことができます。そして、何かをやらなかったことに対して言い訳をする必要などまったくないのです。

「**時間をつぶす**」（フランス語では「**時間を殺す**」と言う：訳者注）という言い方をした時は注意しましょう。時間は人生で最も貴重なものなので、「つぶす（殺す）」ための対象にしてはならないからです。時間は一秒たりともつぶしてはなりません。一瞬一瞬が、人生においてあなたの完全さを表現するための貴重な時間だからです。

「時間をつぶす（殺す）」という言い方は、あなたの辞書から削除しなくてはなりません。それはあなたの内なる暴力性の現われでしかないからです。

あなたが誰かのことを気に入らないからといって、「あいつを殺してやる」と言ったらどうなりますか？　それはあなたの内なる暴力性の現われ以外の何ものでもないでしょう。その暴力性はしばしば自分に対して向けられることになります。そして、そのまま放っておけば、あなたはやがて深刻な病気になるか、自分のまわりに暴力的な人を引き寄せることになるでしょう。あなたが地上に送られて来たのは、「殺す」ためではなくて「愛する」ためであることを忘れてはなりません。

あなたは、またいろいろなことに対して「**〜してみる**」という言い方をしていませんか？　これも実にはっきりしない言い方です。あなたがそういう言い方をする場合は、自分には本当にそうするつもりはない、ということをひそかに表明していることになります。

たとえば、あなたがある人と、明日の六時にある場所で待ち合わせることにしたとしましょう。その際に、相手の人があなたに対して、「明日、そこに行くようにしてみます」といったらどうですか？　あなたには本当にその人が来ると感じられますか？　来ない確率の方がはるかに高いと感じるのではないでしょうか？　ほんの些細《ささい》な不都合が起こっただけで、その人は待ち合わせの場所に来なくなるのではありませんか？

「〜してみる」というのはそれほど軽い言い回しなのです。本当に関わることを避ける言い方なのです。一方、その人が、「明日六時にはそこに行きます」と言ったらどうでしょうか。おそらく九割以上の確率でその場所に来るはずです。
ですから、「彼に話そうとしてみたのです」とか、「理解しようとしてみたのです」などと言うたびに、あなたは本気でそれをしようとはしなかったということを表明しているのです。

あなたは毎日、「**～しなければならない**」とくり返し言っていませんか？　もしあなたが、自分の思ったことや話したことの内容をカセットに録音したとすれば、この表現がくり返し録音されていることに唖然《あぜん》とするでしょう。

「～しなければならない」と言う時、あなたは頭で考えているのです。その時あなたを支配しているのは、善・悪の観念です。「～と考えなければならない」「～と言わなければならない」「～をしなければならない」ためにそうしている人は、必ず自分のパワーを失ってしまいます。なぜなら、自分が自由である、という感覚を失うからです。「～しなければならない、これ以外に選択の余地などない」という法律に縛られているのとまったく同じだからです。

では、この「～しなければならない」というのはどこから来たのでしょうか？　誰がそう決めたのでしょうか？　いいえ、誰が決めたのでもありません。**あなたはいつも自分で選べるのです。**

あなたはただこう言えばいいのです。「そうしなくてもだいじょうぶ。人生においては、私がすべてを選ぶことができるのだから。何かを選び、そしてそのことに責任を取りさえすればいいのです。ところで、私はこのことに責任を取ることができるだろうか？」

たとえば、あなたが仕事に行きたくないと思ったとします。その場合、仕事に行かなかった時に支払うべき代償について考えてみるのです。あなたはそれを支払うことができますか？　もし支払うことができないのならば、あなたは仕事に行くことを選べばよいのです。もちろん本当にそうしたいわけではないかもしれません。でも、仕事を休んだ結果を引き受けることができない以上、仕事に行くことを選べばよいのです。そのことによって、少なくとも、「～しなければならない」と考えて、外側から強制されたと感じることは避けられるでしょう。「仕事に行かなければならないから行く」と考えながら仕事に行くのと、「休んだときに生じる事態の責任を引き受ける用意ができていないので、私は仕事に行くことを選んだ」と考えながら仕事に行くのとでは、あなたのエネルギーの状態はまったく違ってきます。

もし、「～しなければならない」と考えながら仕事に行ったとしたら、一日を終えて家に帰ってきた時に、あなたはたぶんエネルギーを消耗し尽くしているでしょう。一日じゅう、あなたは重苦しい義務感に責めさいなまれていたはずです。というのも、仕事に行くことを自分で選んでいないため、あなたは押し付けられた義務の犠牲者でしかないからです。

選択することの大切さがお分かりでしょうか？　人間にとって、選択する力があるということは、非常に重要なことなのです。被造物のうち、選択する力を持っているのは人間だけなのです。鉱物、植物、動物は、この力を持っていません。

人間であるあなたは、選択するという偉大な力を備えています。ところが、「～しなければならない」と言うたびに、あなたはこの偉大な力とのコンタクトを失うのです。あなたは、この力とのコンタクトを失えば失うほど、他の人からその力を奪おうとし始めるでしょう。それが、現在地球上で頻繁に起こっていることなのです。

あなたが選択する力を意識的に使えば使うほど、あなたは他者を支配する必要がなくなります。そうしたら、すべてがどれほど容易になることでしょうか。他者を操作するために費やされてきた膨大なエネルギーを、これからは自分自身のために使うことができるのです。

「～と思います」「たぶん～でしょう」「～のように思われます」というような言い回しは、その人が、その瞬間に自分自身を分析していることを表わしています。たとえば、私があなたに、「先ほどはどんな気持ちがしましたか?」と聞いて、あなたが「そうですね、たぶんショックを受けたと思います」と言ったとしたら、あなたはその時自分の感情を分析しているのであって、感情を素直に表現しているのではありません。一方、あなたが、「いやあ、すごいショックを受けました」と言ったとしたら、あなたは本当にショックを受け、それを表現しているのです。「そうですね、ショックを受けたと思います」という言い方は、あなたの内部で起こっていることを素直に表わしているわけではありません。

あなたのまわりの人に、あなたが「～と思います」という言い方をよくするかどうか尋ねてみましょう。もしあなたがしばしばそういう言い方をしているとしたら、あなたは普段、自分の本当の気持ちとつながっていないことになります。あなたがつながっているのはあなたの左脳的知性に過ぎません。そして、この知性が表面的な働きしかしないのはもう分かっていますね？

あなたは、**「私にはできません」**という言い方をしょっちゅう使っていませんか？　あなたには何ができないのでしょうか？　それを真剣に考えてみてください。そして、何かを実現するために本当に努力してきたかを考えていただきたいのです。あなたはそのために、限界まで努力しましたか？　あなたは、実際には、自分が考えているよりもずっと多くのことができるのですよ。自分の言葉で自分を縛っている、ということに気づいていただきたいのです。言葉の力とは、まことに恐るべきものなのです。

あなたは、会話の途中で、「よろしいですね？」という言い回しを多用していませんか？　多くの人がこの言い回しを使っているはずです。これは、相手に自分の考えを押し付けようとする傲慢な態度から出ています。でも、この地球上には、あなたの言うこと聞き入れなければならない人というのは一人もいないのです。

興味深いのは、この言い回しを好んで使う人ほど、自分の考えを押し付けようとする人を嫌うことです。もしあなたがこの言い回しをよく使っていることに気づいたら、自分でそう思っていなくても、あなたは権威主義的な人間であるということを知ってください。

権威主義的であるということは、それ以外のあらゆる属性と同様に、良い面と悪い面の両方を備えています。要は、それをどんな場面で、どんなときに、誰に対して、どんなふうに使うかということなのです。

他者を助けるためにそれを使ったり、リーダーとして人々を指導するためにそれを使ったりするのはとても素晴らしいことです。一方、他者を支配したり、他者を変えたりするためにそれを使うとしたら、その使い方についてもう一度じっくりと考えてみる必要があるでしょう。

あなたは、途方もなく素晴らしいことに対して、**「まいったなあ！」「こんなことありえない！」「嘘でしょ！」**などという言い方をしていませんか？　「こんなにすごいことが起こるなんてありえない」とか「こんなに素晴らしいことが起こるなんて信じられない」などと言うとしたら、あなたは自分の言葉によってその素晴らしいことが持っているエネルギーの流れをブロックしています。そういう言葉を発するのは、あなたが心の奥で、自分のことをそうした出来事にふさわしくない人間である、と考えているからなのです。そうでなければ、素晴らしいことが起こるたびに、「嘘でしょ！　こんなにすごいことが起こるなんて！」と言い続けるはずがありません。

肯定の気持ちを表わすために否定的な表現を使う例としては、他にも「悪くない」というものがあります。これも多くの人が使っていますが、本当は安易に使うべきではありません。

その表現を通して、実際には何を言っていることになるのか、ということに気づく必要があるでしょう。その表現を使うことによって、あなたは本当に自分が感じていることから切り離されることになるのです。

自分がこの言い回しを使っているような気がしたら、どうか身近な人に頼んで、その言い回しを使ったときに指摘してもらうようにしてみてください。ずいぶん気づかずに使っていることが分かるでしょう。そして、そのことによって、さらに深く自分自身の傾向が分かるようになるはずです。

ほとんどの人が、人生は苦しみと困難に満ちており、私たちは一生のあいだ苦労し続けなければならない、と考えています。人生が困難であればあるほど、人生には価値がある、と思っているのです。でもそれは言葉上の錯覚に過ぎません。たとえば、「**ダンスの教室で苦労した甲斐があった**」と言いますが、それは、「今ではダンスがとても上手になった」という意味に過ぎません。だったら、もっと率直に、「**ダンスを習ったおかげで、とても楽しめるようになりました**」と言えばよいのです。「苦労」という言葉を使う必要はないでしょう。

つまり、私たちは言葉の意味をよく考えもせず、習慣に引きずられていろいろなことを言っているだけなのです。でも、その結果、私たちの人生はその言葉から大きな影響を受けます。

あなたが発する言葉は、あなたにエネルギーを与えてくれるものでなければなりません。あなたは一日のあいだに「大好きです」「愛しています」という言葉をどれくらい使っていますか?

「私は仕事が大好きです」「私は自然が大好きです」「私は自分のからだが大好きです」と言っていますか？　配偶者に向かって、子どもに向かって、同僚に向かって、上司に向かって、「あなたのことを愛しています」と、ちゃんと言っていますか？　あまりにも多くの人が、上司に向かって、「あなたの仕事のやり方が好きです」とか「仕事場の雰囲気が好きです」と言う代わりに、一日じゅうひそかに心の中で上司のことを批判しているのではないでしょうか？

あなたの人生に最も大きな影響を与える表現をお教えしましょうか？　それは、「**私は〜です**」というものです。この言葉を発したとたんに、あなたは〈創造〉しています。というのも、「私は〜です」という言葉は、宇宙の最も偉大な力とつながっているからです。宇宙の最も偉大な力とは、**神の創造力**、すなわち**言葉の力**なのです。

「**私は〜です**」という言葉は、「**神は〜です**」という言葉とまったく同じなのです。ですから、あなたがこの表現を使う時、あなたは内なる神に対して無意識のうちに命令していることになります。そして、あなたの命令はただちに実現することになるのです。

「私は病気です」、「私はバカです」、「私にはできません」、「私は見捨てられました」、「私はもう愛されていません」とあなたが言った時、それらがただちに実現したということを自覚していますか？

「私は〜です」という言葉の力は最も大きなものであることを忘れないでください。あなたがいやだと思うことさえ、あなたの神聖なエネルギーによって創り出されるのです。それは、神聖なエネルギーが単に誤用されただけなのですが。

だとしたら、この素晴らしい力を、今日からさっそく、あなたの人生に素晴らしい現実を創り出すために使おうではありませんか。「私は美しい」、「私にはできます」、「私は聡明です」、「私は愛されています」と言いましょう。

毎日、単に頭で考えるだけではなく、エネルギーを込めて、「私は〜です」と何度もくり返してください。それがあなたの現実からかけ離れていてもいいのです。「私にはできます」と言うことによって、あなたはエネルギーの流れを作り出します。そして、それがやがて現実を創り始めるでしょう。

創造とはまさにそういうことです。そのことがよく分かるような例をあげてみましょう。いま、あなたは画家だと思ってください。あなたはこれから新しい絵を描き始めます。最初のうちは、何を描こうとしているのか分からないでしょう。でも、描き続けるうちに次第にキャンバスの上には美しい顔が現われてきます。

あなたが、「私は〜です」というときも、まさしくこれと同じことが起こるのです。そのとき、あなたはこれから描かれる物をデッサンし始めているのです。あなたはこれから人生というキャンバスの上に絵が描かれるのを見るために、まずささやかなことでよいですから、何かを実際に始める必要があります。「私はこれこれのことを実現することができます」とあなたが言うたびに、あなたは創造のためのエネルギーを発していることになります。そしてそれは、いつか必ず実現するでしょう。

さて、この章を終える前に、私はあなたに**笑う**ことの大切さをお伝えしたいと思います。笑うことは、この地球という星の上に住む私たちへの、とてつもなく大きな贈り物なのです。

あるエネルギーのレベルに達していない人たちは、笑うことさえできません。あなたはよく笑いますか？　笑いの力によってガンを治した人たちさえいることを知っておいてください。数カ月のあいだ、意識的に喜劇映画を見続け、笑い話を読み続けた結果、ついにガンを治してしまった人の話をあなたは聞いたことがあるでしょう。驚くべきことでしょうか？　いや、そんなことはありません。人生というのは、悲劇の連続ではなくて、喜びに満たされたものであるべきなのです。

もしあなたがなかなか笑えないとしたら、どうか、愉快な人たちとつき合ってください。身のまわりに楽しいことを見つけ出すようにしましょう。毎日、誰かを笑わせてください。あなたがその人と笑っている時、二人とも人生に勝利していることをどうか忘れないでくださいね。

笑うためのもう一つの秘訣は、人生という映画の俳優になるだけでなく、その映画の観客にもなることです。人生の困難な時期に差しかかったら、それを演じるだけでなく、観客としてもそれを眺めてみましょう。そうすると、けっこう笑えるものです。その場面を三カ月後に映画として見ている、と考えるのです。すごく面白いですよ。

この章を終えるにあたって、七日のあいだ次の言葉について瞑想してみてください。

私が誠実に付き合うべきただ一人の人間は、私自身です。

第五章　あなたは〈あなたが考えること〉です

考え方は人生において非常に大きな意味を持っています。というのも、あなたはあなたが考えたような人間になるからです。自分自身について考えたことが現実になるだけではなく、他人について考えたことも現実になります。

あなたがそれを認めようと認めまいと、あなたは必ずフィルターを通して世界を眺めています。そして、あなたが他人について考えることは、あなたが自分自身について考えていることの投影なのです。

あなたの人生において最も重要な位置を占めているのはどんな人ですか？　それはおそらく、両親、またはあなたが小さい時に両親の代わりになってくれた人でしょう。あなたは両親のことをどのように考えていますか？

あなたは両親に関して実にさまざまなことを考えてきたはずです。そして、たぶん、それを今まで誰にも言っていないのではないでしょうか。その内のいくつかについては、誰かに話したことがあるかもしれません。でも、そのほとんどはあなたの内にひそかに眠っているはずです。あなたは、きっと、それを誰に対しても話したことがないでしょう。

あなたが両親に関して考えたことは、すべて、あなたの人生で形を取っているはずです。すでに指摘したように、あなたは考えることによって現実を創造します。両親について考えたことがあなたの現実となっていることを自覚してください。

私たちの心の中には、自覚されていない何百もの考えがひしめきあっています。あなたがそのことを理解できるように、ここで例をあげてみましょう。

今あなたは不安をかき立てるような映画を見ているとします。でもあなたはそれを見ている時に、自分の中に不安が湧き起こってきていることに気づいていません。この映画の中には、あなたが幼い頃に経験した不安を思い出させるようなシーンがたくさんあるのです。

映画を見終わった時、あなたはなんとなくいやな感じを自覚しているだけです。この映画があなたの中にある何かを目覚めさせた、という漠然とした印象を持っているだけなのです。でも、あなたはその何かには触れたくありません。映画によって目覚めさせられたその不安を、言葉によって説明する気にもなりません。

そうした不安は無意識に属しており、しかも無意識の領域とはまことに広大なものです。あなたが、自分にとって有害な感じ方、考え方、話し方を知るためには、自分の無意識をかなりの程度まで意識化しなければなりません。そうすれば、今の現実とは違った現実を作り出すための力を手に入れることができるでしょう。でも、まず自分の心の中で起こっていることを意識しない限り、あなたは何も変えることができません。そもそも自分に何が起こっているかさえ分かっていないのですから。

あなたと同じような人たちが、あなたのまわりにはたくさんいるはずです。彼らをじっくり観察することによって、あなたは自分が無意識のままに放っておいた考えを意識化することができるでしょう。

考えがどれほど大きな力を持っているかを学んだのであれば、あなたは、今後、良き思いだけ、つまり、愛の思い、感謝の思い、寛大な思い、同情の思いなどだけを持つべきだ、ということが分かったに違いありません。こうした考えが支配的になっていけば、あなたはそれと同じ考え方をする人たちをどんどん引き寄せることになります。そして、素晴らしい人たちに取り囲まれて生きることになるでしょう。

あなたはお母さんについてどんなことを考えていますか？　お母さんがあなたに対して不当な仕打ちをしたと考えていますか？　だとしたら、あなたがそう考えれば考えるほど、あなた自身が不当な仕打ちをする人間になるでしょう。ある考えを持つたびに、その考えがあなたのエネルギーにしみ込み、そのエネルギーが、あなたの人格、あなたの振る舞いを通して現実化してゆくのです。

お父さんについてはどうですか？　厳しすぎた、権威主義的だったと考えていますか？　だとしたら、そう考えれば考えるほど、あなたもまたお父さんのような人間になっていくでしょう。そうなりたくないと思ったとしても、お父さんとは反対の人間になろうと努力したとしても、あなたがお父さんをそのように裁いている限り、早晩、あなたもお父さんとそっくりの人間になってしまうのです。私の言っていることが嘘だと思うなら、どうか、まわりの人たちに尋ねてみてください。彼らは、あなたのことを、自分自身に対しても厳しく、また他人に対しても厳しい人だと言うはずです。

あなたはご主人のことをどんなふうに考えていますか？　あなたが考えていることが現実になる、という経験をしたことはありませんか？　あなたがご主人のことを、人の気持ちが分からない人、家事を手伝ってくれない人であると裁き、だから私がなんでも一人でやらなくちゃならないんだわ、と考えているとすれば、それは必ず現実になるでしょう。うちの人はセックスのことしか頭にない、セックスの要求が多すぎて困る、と裁いていれば、時とともにますますご主人はそのような人間になってゆくはずです。うちの人は子どもみたいな人で、何一つ自分では決められない、と考えているとすれば、歳月とともに、ご主人はますます決断力のない人間となり、なんでもかんでもあなたに任せる人間になってゆくのです。

あなたが心に抱くどんな考えも、あなたの外側に波動として発信されます。あなたがある考えを発信すると、それは、その考えが向けられた人に受信されます。ただし、それはすべて無意識の世界、目に見えない世界において起こっているのです。

あなたが意識的になればなるほど、つまりあなたの気づきのレベルが上がれば上がるほど、あなたは嘘をつけなくなるでしょう。というのも、自分が嘘をついた見返りとして受け取るものが、はっきりと分かるようになるからです。

いいですか。真実をきちんと見抜くようにしましょう。あなたは、自分が考えていることは誰にも分かりはしない、と思っているかもしれませんが、決してそうではないのです。私たちは、全員、〈一《いっ》なるもの〉の一部であり、お互いに心の奥底でつながっています。

例えば、それは、あなたのからだを作っている細胞の一つがおかしくなったのと同じことなのです。他の細胞たちは、その細胞が病んでいることを察知するでしょう。なぜなら、すべての細胞が、あなたのからだという〈一なるもの〉を構成しているからです。

同じように、地球上にいる六〇億の人間の一人ひとりが地球という星の一部をなしています。地球もまた〈一なるもの〉であって、私たち人間はその細胞なのです。あなたが誰かに対する愛の思いを発すれば、あるいは誰かに対する憎しみの思いを発すれば、それはただちにその当事者のところに届きます。そして、愛に反する思いは、その思いを発した人の中にある光を消してしまうのです。

愛に反する思いを持つと、私たちは相手のことが正しく見えなくなり、相手とコミュニケーションを取ることができなくなります。それに対して、愛の思いは光を放ってあなたのまわりを照らし出します。お互いに愛の思いを発すれば、二人のあいだのコミュニケーションはますますうまくゆくようになるでしょう。

あなたは子どもについてどんなことを考えていますか？　自分の息子は怠け者で、いいことなんか何ひとつしない、と考えていませんか？　もしそう考え続ければ、あなたの息子は確実にそのような人間になるでしょう。あなたの目には息子はだめな人間だと映っていませんか？　でも、彼自身の目、また他人の目には、彼は別な人間として映っているはずです。でも、あなたの世界においては、つまりあなたが創り出したあなたの人生においては、彼は怠け者でしかありません。なぜなら、あなたがそう信じているからです。

私たち一人ひとりは、それぞれ違ったふうに現実を眺めています。すべてはその人の考え方に応じて表われるのです。だとしたら、どうしてその偉大な力をポジティブに使わないのでしょうか？　たった今から、あなたが望むことだけを考えるようにすればいいのです。あなたがそうなって欲しいと思うことだけを心に思い浮かべるのです。

自分自身について、あなたはどんなことを考えますか？　誕生日が近づくにしたがって、自分はまた年をとった、と考えますか？　自分は老いた、と考えることが、老いの第一原因であることをあなたは知っているでしょうか？　もし、誕生日さえなければ、私たちは年のことなど気にしなかったかもしれません。歳月が流れても、自分が年をとっていることに気づかなかったかもしれないのです。そして、自分が年をとっていると思わなければ、老化ははるかにゆっくりしたものとなったでしょう。

あるとき、ある会社の新入社員が、八〇歳を過ぎてもなおハツラツとして仕事をしている社長の姿に感動して、こう尋ねました。「いったい、おいくつになられたのですか？」八〇過ぎの老人はこう答えました。「若者よ、私は忙しくて年のことなど忘れているのだよ」

自分の人生には何かが足りない、とあなたはしょっちゅう考えていませんか？　もしあなたが人生で誰か他の人を必要としているとしたら、それはあなたの心の中に何らかの〈欠如感〉があるからなのです。あなたが内なる神とコンタクトしさえすれば、あなたは大いなる創造力を手に入れて、それ以降あなたに欠けているものはまったくなくなるにちがいありません。

あなたのまわりの自然を観察してみてください。自然を観察すれば、数多くのことが学べます。たとえば、小さな野生動物たちを観察してみましょう。彼らに欠けているものが何かあるでしょうか？　自然が彼らの面倒を見てくれるので、彼らは楽々と生きています。彼らが死ぬときは、死ぬべきときが来たからにすぎません。それはごく自然なプロセスなのです。

銀行の預金のことを思うとき、あなたは何を考えますか？「たったあれだけしかない」と考えますか？　給料のことを思うとき、あなたは何を考えますか？「これだけしか稼いでいない」と考えますか？　あなたよりもお金を持っている人たち、あなたよりも稼いでいる人たちと自分をしょっちゅう比較していませんか？　テレビを見ていると、自分には何かが欠けていると思えてきませんか？　テレビという幻想の世界の中では、人々はすべてを持っているように見えるのです。

欠如感を持ち続けてごらんなさい。あなたの生活に不足や欠乏が必ず生じるでしょう。あなたは、自分が充分愛に恵まれていない、と考えていませんか？　自分は充分に愛されていない、と感じているのではありませんか？　そんなことを考え続けるよりも、もっと気前よくなって、まわりの人たちにどんどん愛を与えるようにしてごらんなさい。その方がはるかに気分がよくなります。

良い言葉を、時間を、エネルギーを、お金を、つまり、**愛**を、まわりの人たちに与えるのです。見返りを期待せずに与え続ければ、あなたは自分が豊かであることに気づくでしょう。なぜなら、あなたはそんなにたくさんのものを与えることができるからです。そんなふうにしていれば、自分が必要以上のものを持っているということが感じられるようになるでしょう。なぜなら、あなたは与えることを自分に許したからです。

貧しさは心の問題だ、と言う人がいます。貧しい人は、心も貧しいから、与えることも、受け取ることもできないのだ、というのです。

繁栄するためには、次のように考えるとよいでしょう。「豊かになるために、絶えず与え続けよう」

与え続けることによって、あなたは自分が多くを所有していると考えるようになります。すると、他のすべての考え方と同様に、その考え方もあなたの人生に影響を与えるのです。あなたが、自分は多くを所有していると考えれば考えるほど、あなたはさらに豊かになるでしょう。

ですから、欲しいものがいつも手に入らない、とか、必要な物を受け取ることができない、などと考えていれば、あなたの人生は必ずその考え自体によって、多くが不足した貧しいものとなります。

私は、最近、このテーマに関するあるワークショップを受けました。そして、それはとても素晴らしいものだったので、それをここであなたと分かち合いたいと思います。そこで行なわれたのは次のようなことでした。

まず、あなたに欠けていて、あなたが欲しいと思っているものを五つあげます（お金、愛情、ほめ言葉、といったように、物質的なものでも、精神的なものでも、とにかく何でも結構です）。その五つのそれぞれについて、ほんの少しでもいいですから、何とか方法を探し出して、二四時間以内に、それを他の人にあげるようにします。あげる時に、必ず深呼吸をして、次のように考えてください。「私があげたものは、何倍にも増えて私のところに戻ってきます」

このエクササイズを、毎日、一週間のあいだ続けてください。必ずあなたの考え方に変化が起こり、あなたが受け取るものにも変化が起こり始めるでしょう。

ところで、あなたは誰かに対して疑いの気持ちを持っていませんか？　誰かに支配されている、とか、誰かに何かを奪われている、と考えていませんか？

その場合、実は、自分が誰かを支配したい、誰かから何かを奪いたいと思っているのだ、ということを自覚しましょう。もしあなた自身がそういうことを思っていないとしたら、そもそもそんなことが心に浮かぶはずもないのです。

自分が誰かに支配されている、誰かから何かを奪われている、と思っているのでしたら、あなたが誰を支配しようと思っているのか、誰から何を奪おうとしているのかを、きちんと自覚する必要があるでしょう。というのも、自分自身の心の中のその思いを自覚しない限り、あなたはそれを恐れとして他人に投影し続け、そしてその恐れたことがあなたの人生に起こってしまうからです。

そして、その時、あなたはこう思うのです。「ほらね、恐れていたことがやっぱり起こった！」その時、あなたは幸せさえ感じるでしょう。というのも、自分のエゴのプライドが喜んでいるからです。あなたのプライドが喜べば、あなたの左脳的知性もまた満足します。人間というのは、実はこれほど厄介な存在なのです。苦しむことでプライドが満足するのなら、あえてそうした苦しみさえも作り出してしまうのです!

でも、本当は苦しみなんか必要ではありません。現在まで、人類は、進化するために苦しみを使ってきました。でもそうした時代はもう終わりつつあります。苦しまなくても進化することはできる、ということが分かった人たちは、自分から進んで苦しみを手放し始めました。

あなたのご主人が浮気をしているのではないか、他の女性を好きになっているのではないか、と心配になることはありませんか? もしそうだとしたら、あなた自身が浮気をしたいと思っていることに気づいてください。あなたはもちろん自覚していないでしょうが、あなたには何らかの不満があり、その不満が、あなたに、他の人を好きになりたいという気持ちを起こさせているのです。もし、それを自分に許すことさえできれば、あなたはたぶん浮気をするでしょう。しかし、もちろん、あなたにはそれを自分に許すことができません。

あなたは、自分が浮気をしていないことをたてに取って、相手を支配しようとします。本当は、心の奥底ではひそかに浮気をしたいと思っているにもかかわらず、あなたは高々と宣言します。

「私は絶対に浮気なんかしないわ!」

でも、そうしたいと思っていながらそうしない人の方が、そうしたいと思ってそうしてしまう人よりも良い人間だ、ということにはなりません。むしろ、逆かもしれないのです。あることをしたいと思っていながら、そんなことは思っていないと自分を騙《だま》す人というのは、自分自身に対して誠実ではないからです。自分がしたいことをしている人の方が、少なくとも自分自身に対しては誠実だといえるでしょう。ただし、私は、やりたい放題を勧めているわけではありません。

ところで、あなたの身近な人があなたと同じように考えないからといって不愉快になるようでは、あなたはエゴイストのそしりをまぬがれません。エゴイズムは、現在、地球における最も深刻な病です。私たちは、自分では愛に基づいて行動しているつもりでも、本当は、自分の考え方をまわりに押し付けているだけということがよくあるのです。

実際、私たちは、自分が気持ちよくなるために、また自分の正しさを証明するために行動することが多いものです。たとえば、誰かがあなたに対して次のように言ったとします。「ああ、まったくその通りですね。あなたのおっしゃる通りだと思います。私は全面的にあなたの意見に賛成ですよ」すると、あなたは必ずうれしくなるはずです。

もし、あなたが、考えること、言うこと、することにおいて、他人よりも自分を喜ばすことを優先させているとしたら、それはあなたが愛に反するエゴイストだということでしょう。というのも、愛というのは、相手を喜ばすことを見つけて、それを可能な限り実践することだからです。そして、実際にやってみると、他人に尽くすということはとても簡単なことなのだということが分かるでしょう。

　私が「力を悪用する」と言うときは、他人を支配するために力を使う、ということを意味しています。もしあなたが強い女性なら、つまり気の強い女性なら、たぶんあなたは自分の考えを人に押し付けているでしょう。まわりの人たちが、そんな人間を、そんな性格を、そんな振る舞いを、そんな仕事の仕方をどういうふうに感じるだろうか、ということを、心を落ち着けてよく考えてみてください。どうか、心を開いてください。そうすれば、まったく別の世界を発見することができるでしょう。

　あなたが、他人も自分のように考えるべきだと思っている限り、あなたは、ものすごく狭い世界に閉じ込められています。あなたが他者の世界に対して心を開けば、一人きりで発見するには何年もかかるような素晴らしい世界をいくらでも発見することができるでしょう。他人の考えること、言うことをすべて受け入れなさい、と言っているのではありません。心を開けば、あなたの見識を高めるための素晴らしい機会に恵まれるでしょう、と言っているのです。

　私たちが経験することは、すべて私たちが考えたことの結果です。もし今の人生がいやならば、まず、それを作ったのはあなたの考え方であるということを認めなければなりません。現在のいやな人生を作った原因は、あなたがこれまでに考えたことなのです。結果を変えるには、原因を変えなければなりません。つまり、あなたの人生を変えるには、あなたの考え方を変えなければならないのです。

あなたの人生は、あなたがそう望めば、今からでもすぐに変えられます。あなたの最大の力は、実は、あなたが今考えていることの中にあるといえるでしょう。今あなたが考えていることが、次の瞬間を、来週を、来年を作り出すのです。今あなたが経験していることは、昨日、一年前、あるいは一〇年前に、あなたが考えたことの結果なのです。

今この瞬間に、あなたが、成功の思い、豊かな思い、愛の思い、やすらかな思いだけを持っており、しかもそれを一日じゅう維持することができたとすれば、あなたの人生は必ず変わる、ということを私は断言しましょう。

あなたが意識することのないあなたの潜在意識は、あなたが絶えず考えることによってそこに送り込んだ内容を、機械的に、うまずたゆまず現実化し続けます。ですから、たとえばあなたが、自分は〈良い人間ではない〉と長いあいだ思い、それを潜在意識がキャッチした場合、あなたは人生において、自分が〈良い人間ではない〉ことになる状況を頻繁に体験することになります。

人生のどこかでその考えを変えない限り、あなたはますます自信を失い、ますます自分を良くない人間だと思うようになるでしょう。あなたは誰かにいつも「あなたは良い人間ですよ」と言ってもらいたいと感じますが、たまたま誰かがそう言ってくれたとしても、あなたはそれを信じることができません。

あなたが自覚して新たに良き考え方を採用し、それを一日に何度も何度もくり返すことによって潜在意識に送り込むことに成功すれば、潜在意識は自動的にそれ以前の間違った考えを手放します。**そのことを神に感謝しましょう。**というのも、あなたは潜在意識にあるプログラムをいちいち削除して、その上で新しいプログラムを書き込む、という面倒な作業をしなくてもすむからです。新しい考え方、新たなプログラムを送り込むだけで充分なのです。潜在意識は、いちばん新しい考えにしたがって動くからです。

潜在意識は休むことなく働き続けます。そして、最もよく働くのはあなたが眠っているあいだ、すなわち夜のあいだなのです。常に潜在意識に良い考え方を送り込むのはもちろん大事ですが、特に、夜眠る前に良い考え方を送り込むことが大切です。眠る前に、静かな時間を作り、あなたが望むことをありありと心に思い描きましょう。どんなに素晴らしいことでも結構です。生き生きと心のスクリーンに思い描きましょう。そうすると、あなたの潜在意識がそのイメージを実現するために働いてくれるはずです。

次の章では、メンタル・イメージに対する感情の影響力について、つまり、感情がどれほど思いの現実化を早めるかということについて説明するつもりです。

さあ、今すぐにでも、よく調《ととの》えられた思いがどれほどパワフルなものであるかを経験しましょう。まだ確信がないかもしれませんが、それでもよいのです。あなたには何も失うものがありません。そして、あなたは過去に集積してきたネガティブな思いに対して、すでに充分すぎるほどのつけを払わされています。**人生において、もうこれ以上失うものが何もなく、何かあるとしたらあとは得ることだけである、というときに、どうしてこれ以上新たな挑戦をためらう必要があるでしょうか？**

あなたは自分自身について普段どんなことを考えていますか？ 自分を他人よりも劣っている、あるいは優れていると思っていますか？ あなたが自分と他人を比較するたびに、あなたは内なる神との接触を失っているのです。私たち一人ひとりが神の現われであることを思い出しましょう。

自分と他人を比較するのは、薔薇と薔薇を比較するようなものです。一方の薔薇の方が開き方が少ないからといって、それが薔薇として劣っている、ということにはならないでしょう。二つとも美しい薔薇であるのです。それぞれ成長の段階が違うだけであって、ともにその時点で完全なのです。人間に関してもまったく同じことがいえるでしょう。自分の〈内なる神〉、つまり自分の中にある〈神聖な部分〉とコンタクトすることができるようになれば、自分と他人を比較することはなくなります。

あなたが自分と他人を比べ、自分には学歴がないから、地位がないから、お金がないから自分の方が劣っている、と考えたとしましょう。このとき、あなたは物質的な要素を基準にして自分の価値を決めていることになります。でも、あなたの本当の価値は霊的なものであり、それはハートの状態がどうなっているかによって決められるのです。

つまり、無条件に相手を愛せるかどうかで、あなたの本当の価値は決まるのです。あなたがどこの大学を出ているか、どんな地位にあるか、年収がどれだけか、ということとはまったく関係がありません。

一日のうちにあなたが行なうことのできる愛の行為には限りがありません。あなたのまわりの人たちにどれだけ多くの愛を与えられるか知っていますか？　愛を与えるためには大金持ちである必要などまったくないのです。

もちろん、私は物質的な豊かさには意味がない、などと言っているわけではありません。ただ、あなたがまず内なる神とコンタクトし、その上で、物質的豊かさを使って、喜んで隣人たちに奉仕するのでないとしたら、その豊かさには何の価値もないと言っているのです。

あなたが何かを考えるたびに、それは見えない世界に向かって発信され、そこで必ず何かを形づくります。こうして思考によって見えない世界に形づくられたものを〈想念の鋳型《いがた》〉と呼びましょう。あなたがくり返し同じことを考えることによって、それは育ってゆきます。あなたが同じことを考えるたびに、それは大きくなるのです。私たちは一日のうちに何千という思考を形成しますので、私たちのまわりを何千という目に見えない〈想念の鋳型〉が取り囲んでいることになります。

私たちの思考によって養われない〈想念の鋳型〉はやがて消滅してしまうでしょう。一方、思考によって養われ続ける〈想念の鋳型〉はどんどん大きくなり、ついにはあなたを占領して、あなたのエネルギーを奪い始めます。こうして〈想念の鋳型〉が強迫観念になります。そして、似たような考えをあなたが持つように強制してきます。というのも、そうした考えで自らを養わなければ、それは存在し続けることができないからです。そして、あなたのまわりに、自らによく似た〈想念の鋳型〉を引き寄せます。もちろん自らを養うためです。

たとえば、あなたの〈想念の鋳型〉が「私は愛されていない。私は愛されるに値しない」であったとしましょう。そうすると、ちょっとしたことが起こるたびに、あなたはこう思うことになります。「ほうら、や、っ、ぱ、り、そうなんだ。私は愛されてなんかいない。あんなこと言わなければよかった。あんなことしなければよかった。あんなことをするから、ますます嫌われるんだわ」

こうしてあなたは〈想念の鋳型〉に栄養を与えます。ついにはこの〈想念の鋳型〉が巨大になって、完全にあなたを占領し尽くすことになります。そうなると、もう、あなたは自分について良いことをまったく考えられなくなるでしょう。

自分を無価値だと思い込み、その信念をさらに強化する出来事をどんどんまわりに引き寄せます。こうして人々から拒否され続けます。というのも、拒絶されるのではないかという恐れによって、あなたがまずまわりの人々を拒絶するからです。そして、こう思うのです。「ほら、やっぱり、思ったとおりだわ。この人とは絶対うまくいかないと思っていたんだ」

こうしてますます「自分は愛されない」という信念を強化していき、人から愛される喜びを自分に禁じてしまうのです。

こうした〈想念の鋳型〉を消すためには、あなた自身でそれとは反対の〈想念の鋳型〉を作るしかありません。すなわち、「私は尊重され、愛されている」という〈想念の鋳型〉を作るのです。まず、「愛されていない」と感じたら、その瞬間にそう思うことをやめる必要があるでしょう。そうして、あなたの存在そのものが拒絶されているわけではない、ということを確認するのです。拒絶されているのは、あなたの話し方や振る舞いに過ぎないのであって、あなたの人間性それ自体が拒絶されているわけではありません。さらに、いま聞いた言葉の中に愛を感じ取るようにしましょう。その人がそう言ったのは、あなたをいじめるためではなくて、あなたをなんとかして助けたいと思ったからだということを知ってください。

そうすることによって、あなたは、非難ではなく、愛を受け取り始めるでしょう。するとあなたの考え方が変り、あなたは愛されていると感じ始めます。そうすると、「私は愛されている」という新たな〈想念の鋳型〉が作られ始めるのです。この新たな〈鋳型〉が、「私は愛されていない」という古い〈鋳型〉の大きさをしのいだときに、ようやくあなたは勝利を手にすることができます。この新しい〈想念の鋳型〉に栄養を与えることによって、あなたはますます容易に愛される人間として生きられるようになるでしょう。

こんなに素晴らしい力があなたには備わっているのだ、ということを知ってください。あなたは新しい生き方を創造することができます。あとはその力を実際に使うだけです。思考が持つこの偉大な力を決して忘れないようにしてください。

この章をまとめる言葉をあげておきましょう。七日のあいだ、この言葉をめぐって瞑想してみてください。

思いと行ないが、お互いに支え合うことによって
美しい人生が、展開されてゆきます。

第六章　あなたは〈あなたが感じること〉です

ここまで、あなたが見るもの、聞くこと、言うこと、考えることについて話をしてきました。それらの一つひとつと結びついたあなたの中の偉大な力を自覚することができたでしょうか。そのほかに、もう一つ、偉大な力があります。それは感じることが持っている力であり、何をどれほど強く感じられるかによって、あなたが何を人生で経験するかが決まるのです。

直前の章で、私は〈想念の鋳型〉についての説明をしました。この〈鋳型〉が現実世界に具体化するかどうかは、感情の強さにかかっています。

たとえば、来年ヨーロッパ旅行に行きたい、とあなたが思っているとします。でも、あなたがどれほどそのことを思い、どれほどアファメーションを行ない、どれほどビジュアライゼーションをしたところで、もしそれらに感情がまったく伴っていないとしたら、その計画はたぶん実現しないでしょう。多少の感情が伴っていたとしたら、多少の実現の可能性があります。あなたがそこに感情のエネルギーを投入すればするほど、それが実現する可能性は高まっていきます。

実は、感情のエネルギーは、からだのみぞおちのあたり、太陽神経叢の部分から出るのであり、このエネルギーは非常に強力なものです。望ましいことを考え、思い描くときは、実際にそれが起こっているかのように生き生きと感じ取るようにしましょう。それを現実のものとして、全身の毛穴を通して感じ取る必要があるのです。

恐れがどうして私たちに大きな影響を与えるか知っていますか？　私たちが恐れを持つとき、その対象が非現実的なものであるにもかかわらず、私たちはその恐れをきわめて現実的なものとして経験するからなのです。たとえば、あなたが夜道を歩いていて、誰かに襲われるのではないかと怖がっているとします。そんなとき、ほんのちょっとした物音がしても、あなたはびくっとするでしょう。物陰に潜む敵が立てた物音ではないかと思うからです。本物の恐怖を感じるはずです。そして、この恐れを持ち続けていると、ついにある日、あなたは実際に襲われることになるでしょう。恐れというのはきわめて強い感情であるために、このようにあなたに対して破壊的な作用を及ぼすのです。

すでに触れたように、感情のエネルギーは〈太陽神経叢のチャクラ〉から出てきます。でも、このエネルギーは、もっと上にある〈ハートのチャクラ〉のところまで上ってゆくこともあるのです。それは、あなたの感情が《愛の法則》に合致するものである場合です。その場合、あなたのハートは、とても心地よい、力強い、生き生きとした感覚で満たされるでしょう。反対に、あなたの感情が《愛の法則》に反するものであった場合、エネルギーは〈太陽神経叢のチャクラ〉のところでブロックされ、あなたはネガティブな感情に支配されることになります。そして、そのネガティブな感情によってエネルギーを奪われるでしょう。愛、平和、幸福などを感じる代わりに、恐れ、罪悪感、恨み、悩み、フラストレーション、失望などにとらわれて、あなたはダイナミックな生き方ができなくなり、エネルギー不足におちいります。

このように、感情の力というのは本当に偉大なものなのです。ですから、あなたは、今すぐにでも、自分の感情に対して充分意識的になる必要があるでしょう。

なるべく、《愛の法則》や《調和の法則》にかなった生き方をしている人々とつき合うようにしてください。そうすることによって、あなたは、自分が長いあいだ理想としてきた生き方、つまり、あなたにふさわしい人生を創造することが可能になるからです。それは、恐れといったネガティブな感情に支配された生き方ではありません。

あなたには、他にも素晴らしい才能が与えられています。それは、〈直観〉です。〈直観〉とは、あなたのハートから聞こえてくる〈内なる声〉であり、あなたはその声をしっかりと聞かなくてはなりません。あなたが何かを見、聞き、言い、読むときには、あなたのハートのあたりで何が起こっているかに注意する必要があるでしょう。すべてがうまくゆき、満たされた思いがするのなら、あなたにとって良いことが起こっているのです。そうした調和の思いが起こらないならば、そこで立ち止まり、内なる声に質問し、確かめて、それが本当に自分の望むことかどうかを確認してください。このように、ハートで何が起こっているかを感じ取ることにより、あなたは人生を正しい方向に導いてゆくことができるでしょう。

あなたがハートで生きている時、あなたが自分自身について、また他人について感じることは、現実の強いエネルギーとなってそこから発信されますので、その感情と同質の人、状況、ものごとを、まるで磁石のようにしてあなたのところに引き寄せます。

以上のことが理解できると、あなたがどうして、欲しいもの、祈ったものを手に入れることができないかが分かってくるでしょう。要するに、あなたは自分にふさわしいものしか受け取ることができないのです。あなたにふさわしいものとは、あなたが単に口先で言ったり、また単に頭で考えたりしたものではなくて、あなたがハートで本当に実感したものなのです。自分はそれを受け取るにふさわしくないと感じていたり、それを受け取るのは良くないことだと感じていたりすれば、あなたは決してそれを受け取ることができません。

私たちは、この感情のエネルギーをしばしば間違ったやり方で使ってしまいます。そして、最悪の使い方は、**自分を罪深いと感じる、**つまり**罪悪感を持つ**ことです。実際、この地上に生きている人のうち、どんな人であっても、実際には何も罪を犯していないのに罪悪感を持っているものです。どんな人でも、『罪悪感を持つ最高の方法』という本が一冊書けるに違いありません（笑）。

まったく、私たち人間は、どんなことに関しても罪悪感を持つことができます。罪悪感の専門家なのです。本当に自分が罪を犯しているかどうか確かめもせずに、いとも簡単に罪悪感を持ってしまいます。

もし、あなたが、意図的に誰かまたは自分を傷つけようとして、何かを感じ、思い、言い、やったとしたら、確かにあなたには罪があるでしょう。ですから、罪悪感を感じたときは、それがどんな場合であっても、あなたが**害意を意図的に持っていたかどうか**を確かめてください。

西洋社会は、罪悪感という基盤の上に築かれています。私たち西洋人は、ごく小さい頃から、アダムとイブの物語、つまり原罪についての物語を聞かされてきました。私たちは罪人として創られた、人生は苦しむためにある、したがって私たちは絶えず悔い改めて贖罪をしなければならない、というふうに教え込まれてきたのです。自分を罪深いと感じる理由がない場合には、あっという間にそれを作り出すことさえします。

たとえば、大切な人が機嫌を悪くしていると、私たちは急いでこう考えます。「私は何かまずいことでもしたのだろうか？　どうすればこの人に機嫌を直してもらえるだろうか？」

ご主人が仕事場からひどく落ち込んで帰って来たら、私たちはただちに罪悪感を覚えます。子どもが非行に走ったりすると、私たちはすぐ罪悪感にかられて悩み始めます。自分たちがまずいことをしたせいで子どもが悪いことをしたのではないかと思うのです。

それが事実に基づいていようといまいと、私たちが罪悪感を持つたびに、私たちは自分を罰しなければと心の奥底で思い込みます。そして、その結果として、不幸や事故を呼び込むのです。罪悪感がどれほど有害なものかを知るために、今度罪悪感を感じたら、じっくりと心の中を見つめ、その罪悪感に対して自分のからだがどう反応したか、自分の創造性、エネルギー、幸福がどのような影響を受けたかを、ぜひ確かめてみてください。罪悪感を徹底的に感じてみるのです。そうすれば、罪悪感がどれほど破壊的なものであるかが分かり、もう二度とそんなものは持ちたくないと感じるでしょう。

感情は、嬉しさ、喜び、幸せを感じるためだけに使うべきなのです。罪悪感を持った場合に喜びが感じられるかどうか、ぜひ確かめてみてください。もし喜びが感じられないのなら、そんな罪悪感など投げ捨ててしまいましょう。罪悪感を感じたのなら、すぐに自分の心の中を見つめ、その原因を突き止め、その原因が現実的なものであるかどうかを確認することです。ほとんどの場合、それが根拠を持たないものであることに気づくでしょう。

多くの人が、罪悪感と責任感を混同しています。責任感のある人になるためには、まず自分自身を愛さなければなりません。一方、罪悪感というのは、自分を憎むことであるのです。責任感のある人は、人生で起こるあらゆることを、自分をもっと深く知るために役立てるでしょう。自分に起こることはすべて自分に責任があると考え、「このことから私は何を学べるだろうか？

このことが起こったおかげで、私はどのように自分を改善できるだろうか？」と考えるのです。
それに対して、罪悪感を持っている人は、自分に起こるあらゆることを悪く解釈し、自分をさらに深く傷つけるでしょう。実際にはすべてが単なる経験でしかないのに、そしてそこには間違いなどないのに、自分が何か悪いことをしてしまったと思って自分を責めるのです。私たちが本当に罪深い場合など、ごくまれにしか存在しません。自分に対して、また他人に対して、意図的になにか悪いことをしようとする人間がそんなにいると思いますか？

よくこんな言葉を耳にしませんか？「罪悪感を持たないでいられたら、どんなにいいでしょうか。でも、そうなったら、次の日たぶん仕事に行かなくなるでしょう」

もし、罪悪感を持たないためだけに仕事に行っているのなら、そんな仕事はさっさとやめた方がいいでしょう。あなたは自分の生命を縮めているからです。どんなことのためであれ、自分の生命を縮めてよいはずがありません。

あなたは仕事を通じて自分を成長・進化させ、幸福になるために地上に生まれてきたことを忘れないでください。あなたには地上で幸福になる権利と義務があるのです。

思い通りに生きることができておらず、生きる喜びをふたたび見出したいと思うのなら、ガン治療の専門家であるカール・サイモントン博士が開発した素晴らしいテクニックを使うとよいでしょう。まず、あなたがやりたいと思っていることを少なくとも四〇個、リスト・アップしてください。「お金がないからとてもできない」という口実を与えないために、それらはすべて千円以内でできるものでなくてはなりません。このリストを目に付きやすいところに貼っておき、落ち込んだときに眺めるようにするのです。きっと元気が出てくることでしょう。

これから一週間のあいだ、毎日、以下の言葉についてよく考えてみてください。

左脳が働き始める前に、ハートで感じ取るようにしましょう。
そうすればあなたは、安全を感じ、幸福になることができます。

――シュリ・チンモイ

第七章　あなたは〈あなたが食べるもの〉です

あなたが何をどんなふうに食べているかが分かれば、あなたがどんな人なのかが分かる、と今まで誰かに言われたことはありますか？　そう、まさにその通りなのです。ですから、この章に書かれていることを読むと、きっとあなたは驚くにちがいありません。

あなたは何をどんなふうに食べていますか？　他の多くの人と同じように、一日に一度か二度は肉を食べているのではないでしょうか？　野菜はたくさん食べますか？　パンをよく食べますか？　麺類は？　デザートは？　ワインは飲みますか？　ビールはどうですか？　こうしたことはすべて、あなたに関して、多くのことを語っているのです。

この章を読む前に、次のエクササイズを行なってみてください。つまり、この三日のあいだに飲んだり食べたりしたものを、思いだせる限りすべて紙に書いてみるのです。紙に書く、という作業は、あなたが意識せずにやっていたことに、いろいろと気づかせてくれるでしょう。

日々の生き方は、あなたが何を食べるかということに大きな影響を与えています。つまり、生き方が食べ物に影響を与えるのであって、その逆ではありません。でも、ほとんどの人が反対のことを考えているのではないでしょうか？　たとえば、体調が思わしくないと、私たちは食事の内容がよくなかったのではないか、と思うわけです。もちろん、ある問題があったとき、その原因は一つであると考えるのは単純すぎます。実際には、いくつもの原因があってある一つの問題が起こるからです。

糖分の問題を考えてみましょう。あなたは糖分をとりすぎていませんか？　ここで私が糖分と言っているのは、単に甘いデザートのことだけではなくて、アルコール、パン、麺類、パン、清涼飲料水、ジュースなどの、体内で消化されてブドウ糖になるもののことです。もしあなたがそうした物をとりすぎているとしたら、あなたの現在の生活には〈優しさ〉が欠けているのです（フランス語では、〈甘さ〉と〈優しさ〉は同じ一つの単語 douceur で表わされる：訳者注）。したがって、あなたは、〈甘さ〉を摂取することによって〈優しさ〉を補おうとしている、ということになるでしょう。

私たちのほとんどが、幼い頃に、似たようなプログラミングのされ方をしています。私たちのお母さんは、子どもに特別な関心を向けるときに、必ず甘いものを与えるのです。そういうときに、ニンジンやホウレン草を与えることは決してありません。私たちを慰めるとき、かわいがるとき、ほめるとき、またはあっちに行かせようとするとき、母親は子どもに何か甘いものを与えるのです。

大人になってからも、私たちはこの行動様式をそのまま引き継いでいます。何かがうまくいかないとき、心がさびしいとき、ほめ言葉が欲しいとき、私たちはついつい甘いものに手を伸ばすのです。「きれいだね」とか「優しいね」とか「素敵だね」とか言ってもらえないとき、私たちはチョコレートやケーキを食べて自分をなぐさめます。すなわち、甘いものが特別な関心の代用品になっているということです。

あなたが、絶えず、ほめ言葉や、称賛の言葉や、感謝の言葉を言ってもらいたいと思っているのなら、あなたは、自分に自信がない、自分を充分に愛していない、自分に優しくしてない、自分に厳しすぎる、といっていいでしょう。

あなたはデザートを毎日食べますか？　パンや麺類は好きですか？　お酒をよく飲みますか？　清涼飲料水は好きですか？　もしそうなら、あなたのからだが教えてくれることは次のこと、つまり、あなたは、自分が幸せになるためには他人から愛されなくてはならない、と思っているということです。

あるいは、人に何かをしてあげる時、必ず見返りを期待している、ということに気づいていますか？　自分では気前が良いと思っているかもしれませんが、あなたは他の人に何かをあげる時、必ず、感謝の言葉、ほめ言葉、あるいは愛情のしるしを見返りに求めています。そうした心の態度が、時には肥満の原因になったりすることは知っておいた方がよいでしょう。

次に**塩分**について考えてみましょう。フライにも、トマトにも、卵にも、スープにも、とにかく何にでも塩をかけないと気がすまない人がいますが、そういう人は、なんでも自分の思い通りにやろうとする人なのです。唯我独尊のタイプ、自分の考えることだけが正しいと思っているタイプだと言っていいでしょう。何かうまくいかないことがあると、必ず他人か自分を非難します。

あなたが塩味の濃いものを好きだとしたら、よく自分の生き方を振り返ってみてください。あなたは自分が何でも非難する人間だということが分かっているでしょうか？　食べ物に対する自分の好みに注目することよって、あなたは自分自身をさらに深く知ることができるのです。

ですから、他人や自分を非難するのをやめて、他人を愛し、自分を愛し、常にものごとの、また人々の良い面だけを見るようにしましょう。そうすれば、人生に起こるあらゆることが、私たちがよりよく愛することを学ぶ機会なのだ、ということが分かるでしょう。

あなたは**香辛料**が好きですか？　もしそうなら、あなたの人生にはピリッとしたところが欠けているのかもしれません。あなたは刺激的な人生を求めているのでしょう。あなたの人生は活気に満ちていますか？　もしそうでないとしたら、わくわくした人生とはどんな人生なのかを思い描いて、それを手に入れることを決意しましょう。

コーヒーをよく飲む人にも同じことがいえます。カフェインには刺激作用があるのです。あなたにとって刺激的な人生とはどんな人生でしょうか？　あなたの人生の目的は何ですか？　あなたには生きがいがありますか？　本当は、それらこそが良き刺激剤なのです。カフェインで外側から自分を刺激するのではなくて、自分の内なる情熱で自分を刺激したらいかがでしょうか？　あなたのからだにとっては、その方がはるかによいと思います。

あなたは**酸っぱい**ものが好きですか？　だとしたら、現在自分が辛辣な思いを持っていないかどうか点検してみましょう。自分が怒りっぽいと感じませんか？　誰に対して怒っているのですか？　よく自分を観察してみましょう。そうすれば、きっと発見があります。もし、自分のためにならない考え方をしているとしたら、それを変えられるのはあなただけです。

あなたは**肉**をよく食べますか？　だとしたら、それもまた自分をよく知るためのヒントになります。肉を飲み込むためには、よく噛み砕かなければなりません。現在あなたがズタズタに切り裂きたいと思っている人は誰ですか？　肉を食べたくなるのは、心の中に怒りや攻撃性を抑圧しているせいだということは知っていますか？　肉を食べてばかりいないで、自分の感情をうまく表現する方法を学んだらいかがでしょうか？

人間のからだは肉ばかりを食べるようにはできていません。動物が地上にいるのは、彼ら自身も進化するためなのです。人間を助けるためであり、楽しく過ごすためであって、人間に食べられるために地上にいるわけではありません。

肉を毎日食べることによって、私たちは攻撃的になり、体内に毒素をため込み、病気になり、早く老います。西洋医学でさえ、数年前に、死亡者の七三パーセントが肉を食べすぎている、と発表しました。

家畜たちは、殺される直前に、自分たちがどうなるのかを知ります。そして、すさまじい恐怖と苦悩を感じるのです。その恐怖によってアドレナリンが大量に分泌され、それが血液に混じってからだじゅうをめぐり、からだじゅうの肉がアドレナリン漬けになります。ですから、私たちが肉を食べるということは、恐怖という名の毒がしみ込んだ動物の死体を食べるということなのです。

動物たちが殺される前に感じた恐怖や苦悩を、体内に取り込んだ後で積極的な感情に転換するのは難しい、ということが最近の研究から明らかになっています。ある人が、不安で一杯の人から輸血を受けた場合、あるいはそれ以外のネガティブな考えで一杯の人から輸血を受けた場合、受け入れたネガティブな波動を正常な波動に戻すのには何日もかかるのです。

人間のからだがもともと動物の肉だけを食べるように作られていない以上、自分より低い波動の肉や血を同化することはきわめて難しい作業だと言わなければなりません。というわけで、肉をたくさん食べる人は、肉を食べない人に比べて、ネガティブな感情をコントロールすることができにくいのです。

以上のことはとても大切なことです。もしあなたが肉の好きな人であるのなら、あなたは他人に対して恨みを持たずにいることができません。また、あらゆるネガティブな感情に翻弄されやすいといえるでしょう。もし、まだ病気になっていないとすれば、これから必ず病気になると言って間違いありません。

次に、あなたは**食べ物をよく噛まずに飲み込んでいませんか？** そういう人は、食べ物をじっくりと味わっていません。つまり、現在を充分に味わっていないのです。

あるいは逆に、あなたは**食べ物を飲み込むまでに、とても長い時間をかける**かもしれません。その場合、あなたは未来に直面するのが怖いために、いつまでもぐずぐずと現在に執着しているのです。

他のあらゆる場合と同じく、ここでも中道が必要です。

あなたはまわりの人たちから**気難し屋**と言われていませんか？　だとしたら、あなたはかなりの偏食家であるかもしれません。新しい食べ物にトライせず同じ物だけを食べていませんか？

他のことに関してもたぶん同じだろうと思います。小さい時に覚えたことだけをそのままずっと続けている可能性があるでしょう。新しい経験に対して心を閉ざしていると、人生は単調になってしまいます。そして、素晴らしい経験をしそこなってしまうのです。

あなたは食事中に**口論**したり、**小言**を言ったりしていませんか？　食事というのは、親しい人たちとの関係を調節する時間だと考えてください。もし、あなたが食事の時間を快適に過ごしていないとしたら、おそらく消化がうまくできないと思います。というのも、消化の問題は、食べ物自体にあるのではなくて、むしろ食べる時の心の状態に多く依存しているからです。

理想的な食事の仕方とは、心静かに一口ひとくちを味わいつつ、それらの良き食べ物を与えてくださった神に感謝しながら食べることです。あなたが感謝をすればするほど、その食事はあなたに幸せをもたらすでしょう。また、感謝しつつ食べるとき、それほどたくさん食べる必要はなくなります。というのも、その場合、あなたを養う食べ物の力が高まるからです。

あなたは**自然食品**を食べていますか？　あるいは**ファストフード**や、スナック菓子などの**ジャンクフード**が好きですか？　それによって、あなたがどれくらい自分を尊重しているかが分かります。

もしあなたが、からだじゅうの細胞の一つひとつを愛しており、あなたのからだが神の現われだと思っているなら、あなたは決してジャンクフードを食べないでしょう。あなたのからだにとって最も良い食べ物は、太陽の光を充分に浴びて育った自然食品です。だから、果物や野菜はとても良い食べ物だといえるでしょう。からだに活力を与えてくれるのです。

地上に生えている部分は、**父なる太陽**の光を受けて、ビタミンをたくさん含んでいます。地中に生える部分は、**母なる大地**の恵みを受けて、ミネラルをたっぷり含んでいます。特に玄米は大切な食べ物です。というのも、人間のからだにとって必要な栄養素をほとんどすべて備えているからです。種、穀物、木の実、豆類を食べていればあとは何もいりません。

以上のように書いたからといって、明日からさっそく肉やその他の好きな食べ物をやめなさい、と言っているわけではありませんので、どうぞご安心を。とはいえ、あなたが自分に対する気づきを深め、新しい生き方をしようと思っているのなら、少しずつ食事の仕方を変えていった方が良いかもしれません。たとえば、牛肉を食べるのをやめて、トリの肉（それも穀物で育てられたもの）や魚を食べるようにしてみてはいかがでしょうか？　そのうち、自分がそれほど動物性のタンパク質を必要としていないことが分かるかもしれません。そうしたら、自然食品を中心にした食事にすると良いでしょう。

あなたは、**食べ物がなくなるのが不安**で、冷蔵庫や貯蔵庫に食品をため込んでいませんか？　だとしたら、期限を気にして食品が傷《いた》む前に食べてしまう、ということが結構あるでしょう。つまり、あなたは自分のからだをゴミ箱にしているのです。でも、あなたはゴミ箱を尊重することができますか？

今の時代は、足りなくなったものはすぐお店に買いに行けます。ですから、食品を買いだめする必要は全くありません。それは浪費と同じことなのです。

すべてはエネルギーであることを思い出しましょう。すべてが神聖なエネルギーでできているのです。このエネルギーを信頼しましょう。もしもあなたが、食べ物がなくなることを心配しているとすれば、それはあなたの内部に欠如感があるからなのです。では、あなたに欠けているのは何なのでしょうか？

愛ですか？　それなら愛の種を蒔きましょう。他者からの関心ですか？　それなら他の人に関心を持ちましょう。お金ですか？　それなら気前よくお金を与えてごらんなさい。あなたは与えることによってエネルギーの通路を開くことになります。そして、その通路を通してあなたのところにいろいろなものがやってくるでしょう。

食事の時間が来たから、ということであなたは食事をしていませんか？　だとしたら、それは自分に関して重要なことを教えてくれるでしょう。

つまり、あなたは自分の人生を主体的に生きていないのです。あなたの人生を決めているのは、あなた自身ではなくて、時間、「～ねばならない」や「～してはならない」という思い、あるいはあなたを支配している他人です。あなたは、習慣によっても、食欲によっても、感情によっても、空腹によっても食事ができるのです。もし、まだ分かりにくいようでしたら、私の一冊目の著書である『〈からだ〉の声を聞きなさい』を読んでみてください。きっと、いろいろなことが分かるでしょう。

先ほどちょっと触れた**アルコール**の問題に戻りましょう。もしもあなたがたくさんお酒を飲む人だとしたら、あなたは自分から逃げ出そうとしていると言っていいでしょう。というのも、あなたは自分を受け入れることができず、自分を尊重することができていないからです。アルコールは、肉体、つまり〈物質体〉に対して悪いだけでなく、アストラル体、つまり〈感情体〉に対しても有害です。

〈感情体〉にダメージを負うと、低い領域にいる霊人たちの波動の影響を受けやすくなります。私たちのまわりには、そうした低い有害な波動が飛びかっているのです。私たちには見えませんが、だからといってそれがないということにはなりません。

私たちは、恐れ、不安、苦悩、怒りといったネガティブな感情に占領されると、それを忘れるためにアルコールに溺れます。そして、アルコールを飲めば飲むほど、低位の霊界に関わりを持つことになるのです。まさに、〈地獄の環〉（＝悪循環）です。もしあなたがアルコールを大量に飲む人であるなら、どうかあなたの内なる神、つまりあなたの偉大な魂との接触を深めるようにしてください。

毎日、あなたの内に潜んでいる美しい長所を数え上げるようにしましょう。あなたがそれらと接触できなくても、それらが存在することは事実なのです。自分で分からないのなら、他の人に聞いてみてください。自分をゴミ扱いするのではなく、自分の内なる美しさに目を向けるようにしましょう。

あなたは**食欲のない人**ではありませんか？　おなかがすかず、ほんのわずかしか食べない人ではありませんか？　もしそうだとしたら、あなたは、自分は生きるに値しないと心の底で思っているかもしれません。自分のことをどう思っていますか？　罪悪感はありませんか？　自分を罰しようと思っていませんか？　もしそうだとしたら、早急に内なる神とのコンタクトを取り戻す必要があるでしょう。生きがいを、生きる目的を見つけてください。

この章の締めくくりとして、次の言葉を用意しました。七日のあいだ、瞑想に使ってください。

ある人たちは、ドラッグ、医者からもらった薬、
糖分またはアルコールに溺れて苦悩を忘れようとしますが、
残念ながら泳ぎを知っているために、
決して溺れることができません。

第八章　あなたは〈あなたが着るもの〉です

あなたがどのような洋服を着ているかを見れば、あなたの心の状態が分かります。洋服の仕立て、色など、すべてに意味があるのです。

あなたはゆったりした服を着るのが好きですか？　もしかして、だぶだぶのズボンやセーターを身につけていませんか？　からだのどこかを隠そうとしていませんか？　自分のからだの形や心のありようを知られるのがいやなのではありませんか？　だぶだぶの服を着ることで、あなたはどんなところを隠そうとしているのでしょうか？　女性的なところ？　それとも官能的なところでしょうか？

あるいは、まったく逆に、あなたはぴったりとした洋服を身につけているかもしれません。からだのどの部分を締めつけるような服を着ていますか？

もし、それが感情のエネルギー・センターのある腰まわりだとしたら、あなたは何らかの感情を押さえつけようとしているのかもしれません。あなたは誰かから自分を守ろうとしていませんか？　あるいは、何かから自分を守ろうとしていませんか？

もしあなたが、高い襟、マフラー、スカーフ、ネクタイなどによって首を締めつけるのが好きだとしたら、あなたには何か人に見せたくないものがあるのかもしれません。首のところには、真実や表現のエネルギー・センターがあることを知っていますか？

もしもあなたが、自分の気持ちを素直に表現できず、自分に誠実であることができないのであれば、当然あなたは、愛の思いを表現したり、まわりの人の長所や美点を言ってあげたり、他人の良いところをほめてあげたりすることができないでしょう。むしろ批判ばかりしているのではないでしょうか？　あるいは、心を閉ざしているのではありませんか？　または、自分が本当に言いたいことではなく、相手の気に入るようなことばかり言っているのではありませんか？

もしあなたが、頭から足までくっきりと形を際立たせるような洋服を着ているとしたら、あなたは自分がどれほど官能的であるかを証明しようとしているのかもしれません。でも、人が何かを必死に証明しようとするのは、本当はそれを信じていないからなのです。他人に何かを信じさせようとするのは、それを自分が本当には信じていないからではないでしょうか？

もともとすごく太っているのに、それをさらに強調するような服を着ている人もいます。もしあなたがそういう人だとしたら、いったいあなたは何のためにそうしているのでしょうか？　あなたを見た人の目の中に、「まあ、この人はなんて太っているんでしょう！」という思いを読み取りたいのでしょうか？　だとしたら、自分がいつも思っていることを証明したいのですね。自分は美しくない、自分のからだは素敵ではないということを証明して、ひそかに喜んでいるのでしょう。

一方で、自分のサイズよりも一つか二つ下のサイズの服を着ることで、自分を欺《あざむ》いている人もいるでしょう。そういう人は、自分がそんなに太っていないと思い込みたいのです。あなたのからだが太ることによってあなたに何かを訴えているのを、そんなふうにして無視しているのです。確かに、現実を直視することはつらいことです。なぜならば、自分に不都合なことに直面すると、それを改善するために行動を起こさなければならなくなるからです。

あなたはどんな服装をしていますか？　古い服を処分できずに、いつまでも着ているのではありませんか？　もしそうだとしたら、あなたはため込むのが好きで、それに執着し、持っているものを処分することができないタイプでしょう。だとしたら、あなたの生活に新しいものが入ってくる余地はありません。心の状態に関しても、たぶん同じことがいえるでしょう。あなたは古い考え方にしがみつき、新しい考え方を受け入れることができません。また、人にしがみつくことも多いはずです。

一年、二年さらには三年も着ていないのに、それでもそのうち必要になるかもしれないと考えて、古い洋服をタンスにため込んでいませんか？　過去一年のあいだに着なかった服は、今後も九九パーセント着ることはないのです。だとしたら、どうしてタンスにしまい込んでおくのでしょうか？　どうしていらなくなったものを後生大事に取っておくのですか？　誰かにあげるか、処分するか、どちらかにしてください。もし新しい洋服が欲しいのなら、古いものは処分しましょう。そんなふうにして、エネルギーの入れ替えをするのです。

あなたはもしかして、きれいなパジャマを、いつか旅行に行った時に着ようと思ってしまい込んでいませんか？　きれいな洋服を、特別な時に着ようと思ってとってありませんか？　そうしているということは、今は自分がそういう美しいものに値する人間ではない、とあなたが思っていることを示しているのです。それをあなたは自覚しているでしょうか？

それが洋服についてだけだったら問題はありません。でも、ことによると、あらゆることに関してそのように振る舞っている可能性があります。もしそうだったら、なんでもない時に、思いっきり素敵な服を着るようにしてみましょう。

私たちはとても恵まれた時代に生きています。いつ、何を着てもよいのです。短いものから長いものまで、地味なものから派手なものまで、昼でも夜でも、ウィークデイでもウィークエンドでも、何を着たって許されるのです。普段着る服と晴れ着を区別するのはもう時代遅れだということを知りましょう。今という時代に合った生き方をしてみませんか？

家にいる時、古くなってほつれた上着、洗いすぎてくたくたになったシャツ、シミのついたブラウスなどを着ていて、あなたは自分を大切だと思えるでしょうか？　もし、そんな時に、友だちでもやって来たとしたらどうしますか？　居心地悪く感じないですか？　だとしたら、そういう古いものは処分してしまいましょう。

あなたが家事をしている時でも、買い物をしている時でも、仕事場にいる時でも、大切なのは、鏡に映った自分の姿を好きになれるかどうかということなのです。もし、鏡に映った姿がみすぼらしく思われたのなら、ただちに着るものを変えましょう。気分が良くなるような服を着ると、すぐに心境が変わるものです。大切なのは、鏡に映った自分の姿を見て、それを気持ちよく受け入れられるかどうかなのです。

あなたは洋服を買うとき、天然素材のものを買うようにしていますか？　あるいは合成繊維でできたものに惹《ひ》かれますか？　自分のからだを愛するようになればなるほど、あなたは天然素材のものを着たくなるでしょう。その方が、からだにとって、はるかに良いからです。

特に、動物の革や毛皮でできたものは避けるようにしましょう。それはどうしてだと思いますか？　革や毛皮でできた服を着ると、その動物が殺されるときに感じた恐怖の波動を身にまとうことになるからです。死んだ後でも、彼らが感じた恐怖はその革や毛皮に残留しているのです。もちろん、靴やベルトといった小物は別です。そういうものであれば、あまり大量の波動を出しませんから問題ないでしょう。ただ、からだを覆うような洋服の場合は問題があると言っているのです。

食べるためであれ、毛皮を取るためであれ、あるいは単なる趣味のためであれ、動物を長いあいだ殺し続けている人には、暴力、破壊、死の雰囲気が漂っているものです。

ところで、私たちが身につけているものの色は、私たちのその時の精神状態や、逆に私たちに欠けている波動を表わしています。事実、それぞれの色には、固有の周波数があって、一つひとつの色がそれぞれある音に対応しているのです。

私たちがいくつかの色を組み合わせて着ると、そこには一種の音の組み合わせが生じ、その組み合わせが私たちのからだに対してひそかに影響を与えるのです。

ですから、朝、洋服を着るときに、ちょっと間をおいて、今日自分にはどんな色が必要なのかを問いかけてみるとよいでしょう。タンスの中の洋服を一着一着見ていってください。そのうち、きっと、「これだ!」と思うものがあるはずです。それこそが、その日、あなたにとって必要な服なのです。その服を着てごらんなさい。その日一日、とても快適に過ごすことができるでしょう。

本屋さんに行けば、それぞれの色の意味と、それが人間に与える影響について書かれた本がいくらでも見つかるはずです。

そういう本を読めば、たとえば、赤というのはとてもパワーのある色で、それを身につけると人生への愛が表現できるということが分かるでしょう。もしあなたが赤を身につけたいと思ったのなら、そのとき、あなたには活力と情熱が足りないので、それを赤という色によって補いたいと思っているのかもしれません。あるいは、あなたがとても積極的な生き方をしているということを意味する可能性もあります。

青は、やすらぎと癒しの色です。たとえば、空が曇ってどんよりとしている日に、あなたは青を身につけることによって、心をさわやかに癒したいと思っているのかもしれません。あるいは、心がやすらぎに満たされているので青を着たいと思った可能性もあるでしょう。

あなたの精神状態やあなたが着ている服の色が、あなた自身、または身近な人たちへのプレゼントになる、ということを知っていますか？

あなたが身につけるものは、あなたを老けた感じにしますか？　それとも若々しく見せますか？　それもまた、とても意味のあることなのです。

たとえば、あなたが今五〇歳を過ぎていて、それでもあなたがミニスカートをはいているとすれば、あなたは自分の年、そして自分自身を受け入れていないといえるでしょう。

逆に、あなたがまだとても若いのに、シックな服装をして奥様然としているとしたら、あなたは自分の若さを受け入れておらず、現在を生きていないといえるでしょう。あなたは早く年を取りたいのです。

（なお、ここで注意しておきますが、この章で言っていること、また他の章で言っていることは、

すべて、女性にも男性にも同じように当てはまります）

あなたの服装を見て、百年前の人のような感じがするとしたら、あなたはこの時代に生まれてきたことを拒否しているのでしょう。心の奥では、過去世の時の生活をしたいと思っているのかもしれません。でも、過去に帰りたいと思ってばかりいずに、いま自分が生きている時代と環境に自分を適応させることはとても大事なことなのです。

あるいは、あなたは、どこにいっても人の注意を引くような、奇抜な服装をしているかもしれません。でも、あなたは本当にそんな服装が好きなのでしょうか？　厳しすぎる両親、保守的すぎる両親に反発しているだけなのではありませんか？　あなたの服装は自分の本心から出たものですか？　それとも単に自分を目立たせたいと思っているだけでしょうか？　あるいは誰かに対する反発から、ショックを与えたいと思って着ているのではありませんか？　そうしたことをしっかりと自覚することが大事です。

もしあなたの服装が、恋人、配偶者、両親、友人などの影響によって決まっているとすれば、あなたは自分自身の感情や気持ちを生きていないことになります。あなたは他人からの影響を受けすぎているのです。自分がしたいと思っていることを、もっと聞いてあげましょう。

さあ、あなたのクローゼットを見直しましょう。何年もため込んでいるものがあれば、思い切って処分してください。そうしないと、《空白の法則》が働きません。

この章で述べられたことを参考にして、あなたの服装にまつわる行動を点検してみましょう。おそらく、いろいろな発見があって驚くはずです。

この章のまとめとして、次の言葉をあげておきます。七日のあいだ、瞑想に使ってみてください。

地球上に蔓延《まんえん》している数多くの嘘のうち、最大の嘘はこれです。

「欲しいものが手に入れば、私は幸せになるだろう」

第九章　あなたは〈あなたの住まい〉です

自分のことをさらに知るのにどうして住まいのことが問題になるのだろう、と不思議に思われたかもしれません。でも、あなたは、ここまで読んできて、すべてのことには意味があるということが、だいぶ分かってきたのではないでしょうか。

新しいものの見方を知り、さまざまな考え方を学び、気づきのレベルを上げて自分をさらに深く知る、というのはとても楽しいことです。とはいっても、いつも多くの疑問が頭から離れない、という状態にまでなる必要はありません。大切なのは、目と耳を開き、あらゆることに関心を持ち、目覚めた状態でいるということなのです。そうしていると、あるとき、突然、深い気づきがやってきます。「なるほど、分かった！　これが今まで知らなかった私の新しい面なのね」

そして、その面をこれから使うかどうかを、自分自身で決めることができます。心の中で次のような対話を行なうとよいでしょう。「私はこの新しい面が気に入っただろうか？　それは私に満足を与えてくれるだろうか？　それは私を幸福にしてくれるだろうか？」

自分を〈意識化〉すればするほど、望ましくない自分の側面を変化させることが可能になります。意識化せずにそのまま放っておけば、そうした側面は不都合を引き寄せて、私たちに大きなつけを支払わせることになるでしょう。

あなたの家の様子は、あなたの内面を映し出しています。あなたの家はどんな家ですか？　何階ですか？　家の階は、心の中にあるさまざまな段階を象徴するものです。地下は本能、潜在意識そして過去を表わします。一階は、顕在意識、そして現在を表わします。上の階は、本質的な側面、霊的次元そして未来を表わします。

あなたは今、地下室に住んでいますか？　あるいはよく地下室に行きますか？　もちろん、人によってその意味は異なります。物が欲しかったり、快楽に身をゆだねたいと思ったりしていませんか？　もしそうだとしたら、過去にそういうことがなかったので、今そうしたいと思っているのでしょう。あなたは本能のおもむくままに振る舞ったことがないのではありませんか？　本能の言うままになって官能を満足させることが、あなたに不都合をもたらすか、あるいは喜びをもたらすかは、ひとえにあなた自身の考え方によります。本能を統御するためには、まずそれを解放しなければならない、ということを忘れてはなりません。

あなたが地下室に惹かれているのには、それ以外の理由があるかもしれません。あなたは、自分の人格の他の側面を発見するために、潜在意識を掘り起こす必要を感じている可能性があります。あるいは、あなたは過去にこだわりすぎているのかもしれません。あなたの過去が現在に重くのしかかっている、ということはありませんか？

一方、もしあなたが建物のすごく高いところに住んでいるとすると、あなたは霊的な次元、本質的な側面に惹かれている可能性があります。あなたにとって大切なのは、物質的な次元だけではないでしょう。あなたは霊的次元からの呼びかけをちゃんと聞いていますか？　それとも拒絶していますか？

もしあなたが山の上の方に住んでいるとすると、あなたは霊的な次元とさらに密接に結びついている可能性があるでしょう。喧騒と汚濁に満ちた都会よりも、自然のふところで暮らした方が、神との意識的なコンタクトははるかに容易になるものです。

あなたの家の天井は高いですか、それとも低いですか？　天井が高い場合、あなたにはより多くの空間と自由があるために、人生をはるか遠くまで行くことができるでしょう。

階段は多いですか？　ご存じの通り、私たちは階段を使って上り下りをするものです。したがって、階段は、潜在意識から顕在意識へ、顕在意識から潜在意識への移行を象徴します。もしあなたが頻繁に階段を上り下りしているとすれば、あなたは顕在意識と潜在意識のあいだを頻繁に行き来していることになるでしょう。もしあなたが、ある階だけで生活しているとすれば、現在あなたの生活は安定の時期を迎えているのかもしれません。

あなたの住まいは広いですか？　もしそうならば、あなたは自分に空間を与えることによって、内面でも楽に呼吸したいと思っているのかもしれません。もし家が狭く、あなた自身も息苦しいと感じているのであれば、あなたは自分が成長するための空間、楽に呼吸できるための空間を自分に与えていないことになります。

あなたの住まいには美しいものは豊富にありますか？　住まいの空間は調和で満たされていますか？　家具、電気器具、カーテン、壁紙などは気に入っていますか？　住まいの内装を見ると幸福感に満たされますか？　それとも、内装を変えたいと思っている部屋がたくさんありますか？　もしそうなら、あなたの内面でも同じことが起こっています。

変えたい部屋がある場合、あなたはどんな態度を取っていますか？　そういう部屋が自分の趣味に合わないことに不満を感じながら暮らしていませんか？　それとも、さっさと行動して、自分の気に入らないものを変えようとするでしょうか？

あなたの家または部屋は、あなたがため込んだ思い出の品、家具、小物などで埋まっていませんか？　もしそうだとしたら、あなたの内面もそんな状態である可能性がとても高いといえるでしょう。あなたは、原理・原則、習慣、古い考え方などを手放せないのではありませんか？

もし、新しいものを受け取りたいのであれば、古いものを処分して、新しいもののために空間を確保してやらなければなりません（《空白の法則》）。そのままため込み続けると、やがて空間がまったくなくなってしまうでしょう。それらからほこりを払い、きれいにしておくために、自分がどれくらいのエネルギーと労力を使っているか、きちんと自覚していますか？　それらを修理するためにどれくらいお金がかかっているか自覚していますか？　そうしたエネルギーをすべて他のことに振り向けることもできるのですよ。

ものをため込んでいるということは、心の中にも多くをため込んでいることを表わしています。そうすると、記憶面に問題が生じてくるでしょう。年老いた人で、近い過去の記憶がはっきりしないという人は多いものです。彼らは二〇年も前のことははっきり覚えているのに、自分がさっき言ったことは覚えていません。そうして、何度も何度も同じせりふをくり返すのです。

あなたの住まいには大きな窓はありますか？　光はたっぷり入ってきますか？　窓から見える外の景色は美しいですか？　それは、おだやかで、心をなごませるものですか？　窓は、あなたが物や人に対してどれくらい開かれているかを象徴しています。また、あなたを取り囲むものをあなたがどのように見ているかを表わしています。

あなたの家は清潔に保たれていますか？　家具の裏や下にほこりがたまっていませんか？　衣装ダンス、押入れ、戸棚はきれいですか？　もし、あなたの家にほこりがたまっているとすると、あなたの心にもほこりがたまっている可能性があります。心の中のほこりは、すべてを分析し、すべてを理由づけ、すべてを理解しようとするあなたの左脳的知性が原因となって作られます。

それは、傲慢に至る道です。傲慢な人は、いつも自分が正しいと思い、自分の考えを人に押しつけますが、そういう態度こそが心のほこりを生み出し、自分自身との不調和、他の人たちとの不調和を生み出しているのです。

あなたの家は整理されていますか？　清潔であることと整理されていることは違う、ということを知っていますか？　清潔であっても、整理されていないということがあるでしょう。物があるべきところにないのです。

その時、あなたの心の中でもたぶん同じことが起こっているはずです。あなたは、人生で自分が何をしたいのかが分からず、決断を下すことができずにいるのではありませんか？　あるいは、やらなければならないことを明日に延ばす癖を持っていませんか？　やらなくてはと思っているのに、すぐに行動に移せないのです。整理整頓されていないと、探し物にエネルギーと時間を多く取られるでしょう。行動に移そうとしても時間とエネルギーを浪費します。良い場所に行くためではなくて、単に一つの場所からもう一つの場所に行くために、時間やエネルギーを使っているだけなのです。

台所は女性を象徴します。私が女性原理に関して言ったことを覚えているでしょうか？　それは、男女の別に関わりなく、人間の養育的な面、創造的な面に関わるものです。思いやり、優しさを表現する能力のことだと言ってもいいでしょう。さらに、直観や人間の霊的な側面を大切にすることでもあります。要するに、女性原理とは、自分が本当に必要としているものとつながりをもつ能力なのです。あなたの台所はきちんと整理されていますか？　広々としており、機能的で、楽しい空間ですか？　台所は、あなたが女性原理とコンタクトを取る時の様子を表わしています。

さて、あなたの寝室のことを考えてみましょう。あなたの寝室は、あなたの家の中で最も快適な場所になっているでしょうか？　そこにいると気分が良いですか？　あなたの趣味に合っていますか？　あなたの寝室はあなたの心の様子を象徴しています。もし自分の心のあり方を知りたいのであれば、自分の寝室を、それを見たことのない人に説明すると思って描写してみてください。使う言葉には充分注意しましょう。それはあなたの心象風景を表わすものとなるからです。

あなたは家で、目に付きやすい部分を片付けますか？　それとも、目に付きにくい部分を好んで片付けますか？　家の外側を掃除しますか？　それとも家の内側を掃除しますか？　誰かが家にやってきたとき、外から見た第一印象はどうでしょうか？　気持ちの良いものでしょうか？

さらに家の中を見たら、この印象はどうなるでしょうか？　もし、この印象が悪くなるようでしたら、あなたは内面よりも外面を気にするタイプです。つまり、個性よりもペルソナを重んじているのです。

ペルソナとは、あなたがかぶっている社会的な仮面です。人は、あなたに会うと、まずこの仮面を見ることになります。個性とは、あなたと親しく付き合うことによって、初めて感じ取ることのできるものです。人生を統御するためには、私たちはまず何よりもこの個性とのコンタクトを取らなければなりません。

ペルソナは、両親、家族、教育、幼年時代に受けた影響などによって形づくられます。人に気に入られようとして作った仮面がペルソナなのです。ほとんどの人が、他人が期待していることに合わせようとして、考え、話し、行動します。拒絶されないため、愛されるためにそうするのです。

内面を探求し、自分が本当に必要としているものを発見し、自分にとって本当に役立つものを大切にすると、あなたの個性とのコンタクトが生じてくるでしょう。自分が本当は誰だったのかが分かるのです。

あなたは、個性のうちのあるものはそのままにして、あるものは変えようとするかもしれません。自分の個性に気がつけばつくほど、あなたは自分の才能を伸ばし、内面を明るく照らし出すことが可能となるでしょう。そして、あなたの家の内部もその明るさを反映することになるはずです。

あなたは、たまに大掃除をやり、あとは放っておく、というタイプですか？　もしそうなら、あなたは辛抱強く自己管理をすることが不得意でしょう。多くの人はごくたまにしか、内面を振り返ることをしません。まれに内省をして、心を整え、しばらくはその調子で行くでしょう。少しのあいだ、すべてが調和して、自分に誇りを感じることができます。ところが、しばらくすると心の調和が見失われ、どうもおかしいと思い始めるのです。そして、どうしようもなくなると、また心の大掃除を始めます。

それよりも、日々、自分の心を振り返って自己管理をおこなう方が、はるかに簡単に心の調和を保つことができるでしょう。進化を果たし、自分を愛し、かつ他者を愛することができるようになるには、自分に〈規律〉を課すことが大切です。というのも、〈規律〉のないところに〈愛〉はないからです。

この規律は硬直したものであってはなりません。あなたが規律を守るのは、そうすることによって何かを達成する喜びが得られる、ということを知っているからです。そして、人間にとって、自分に喜びをもたらすことをするのは実に自然なことなのです。

例をあげてみましょう。あなたは、歯を磨かないよりも磨いた方がずっと気持ちが良いので、朝、歯を磨きます。歯を磨かないと、その日一日じゅう、何かしっくりこないのです。口の中がなんとなく気持ち悪いでしょう。そんなわけで、あなたは毎朝歯を磨くという規律を守ります。歯を磨くほんのわずかな時間が、一日という長い時間の気持ちよさを保証してくれるのです。

日常的な他のことに関しても、まったく同じことがいえるでしょう。何かをすると良い気分になるとき、どうしてそれを習慣にしないことがあるでしょうか？

それに対して、硬直した規律は良い結果をもたらしません。本当はしたくないのに、一度決めたからということでそれを続ける場合です。

例をあげてみましょう。今、ある人が一週間の計画を立てているとします。これはこの日の午前中、これはこの日の夕方、税金の申告は金曜日、などと細かく書き込みます。こうしてやるべきことをすべて義務として決めるのです。ところがいざ実行する段になると、やる気をなくしてしまいます。それでも無理やりそれをやるのです。

硬直した人は、計画を見直すという柔軟性を持っていません。ですから、「今これをやらないとしたら、後でどんなつけを払わされるだろうか？　後回しにしても大丈夫だろうか？」というふうに自問することができません。大切なのは、いったん決めたことでも状況によっては考え直すということなのです。そして、必要があれば変更を加えてよいのです。

結論として、次の言葉にふたたびあなたの注意を引いておきましょう。すなわち、**あなたの人生に起こることに偶然はない**ということです。すべては、あなたがさらに自分を深く知るために起こると知ってください。起こったことを自分の役に立てるかどうかはあなたの自由です。とはいえ、起こることすべてについて、「これは何を私に教えようとしているのだろうか？」と、いちいち考え込まなくても結構です。そんなことをしていたら〈生きる時間〉がなくなってしまいますから。

あなたが住まいのさまざまな面をじっくり観察して、住まいの様子とあなたの内面がつながっていることを発見できれば、あなたは貴重なメッセージを受け取ったことになります。そうしたら、自分にとって都合の悪い要素をなくすために、さっそく行動に移りましょう。

もしあなたが現状を良しとするのなら、そこにとどまるのも結構でしょう。大切なのはあなたの人生がきちんと機能しているかどうかです。もちろん、あなたは自分以外の誰にも釈明をする必要はありません。重要なのは、あなた自身が選んだ生き方に、喜びと幸せが感じられるかどうかなのです。

この章を読み終えたら、次の言葉について七日のあいだ瞑想をしてみてください。

私は心の窓を開き、そして、光り輝く神を目にします。

第一〇章　あなたは〈あなたのからだ〉です

この章を通じて、私はあなたに、人間のからだが持つ意味についてお話しするつもりです。人間のからだの形態や構造について研究する学問は〈形態学〉morphologie と呼ばれますが、この言葉は、「形」を意味するギリシャ語の morphe と、「学問」を意味する同じくギリシャ語の logos から作られています。形態学によって、私たちは、からだの形態的な特徴と心理的な特徴のあいだに明確なつながりを見いだすことができるのです。

ではこの学問の根拠はどこにあるのでしょうか？　あらゆる時代を通じて、人間は、からだの形と性格のあいだに何らかの関連があるのではないか、と考えてきました。この探求は、中世になって、一五二三年にコクレスが形態学の本を書き、一五四〇年にドゥ・ラスコーが同じく形態学に関する本を書くと、ますます複雑になっていきました。その後も、この学問に対する興味はなくなっていません。

からだのそれぞれの部分から得られる性格に関する情報は、百パーセント正しいとは必ずしもいえません。それは全体との関連で考えられなければならないからです。

足の長さとか、鼻の形といったようなからだの一部だけに注目して、その人の性格を特定するのではなくて、からだのすべての部分を観察して総合的に判断する必要があるのです。あなたがもし、からだや顔の形から人々についての情報を得たいと思うなら、からだのそれぞれの部分を観察する際に、中立的態度を取って、全体を大切にするようにしてください。するとやがてその人の性格のイメージが形づくられてくるでしょう。

からだの形はその人の内面で起こっていることを反映しますが、一方でまた、からだの形がその人の内面に影響を与える、ということもありえるでしょう。両方とも事実なのです。

たとえば、幸せを感じている人は顔に幸福感をみなぎらせているのに対し、常に悲しみを感じている人の顔にはしわが刻まれ、表情には悲しみの刻印が打たれます。この後者が、ある日、これからは出会う人すべてに微笑《ほほえ》みかけよう、と決心したとします。そして、努力して微笑みの表情を作っているうちに、この人は徐々に生きる喜びを感じるようになるかもしれません。

それでは別の人のことを考えてみましょう。この人の上半身は前に傾いており、その様子は、まるで全世界の苦しみを一人で背負っているような感じです。この人が、ある日決心して、筋肉を伸ばして背中をまっすぐにする物理的な治療を受けたとします。すると、その治療の結果が内面にも現れてくるでしょう。心の重苦しさから徐々に開放され、以前よりもきっと幸せになるに違いありません。しかし、もしもからだの治療と同時に心の治療を行なっていれば、効果はさらに著しいものとなったはずです。

施術家が肉体的な治療だけを行なった場合、背中の曲がりを治すには、かなりの時間がかかるでしょう。それに対して、もし当人が、からだの治療と同時に心や霊性に関わる治療を受け、考え方を変えてもっと軽やかに生きるようになれば、からだに対する治療は、はるかに高い効果を発揮したはずなのです。からだの治療と心の治療を同時に行なうことが理想的だといえるでしょう。

私たちのからだの基本的な形は、受胎してから六歳くらいまでのあいだに作られます。また、六歳くらいまでに、考え方の基礎ができ、それが一生を支配することになります。この期間に、心の中にいろいろなものをため込み、それがからだの器官に影響を与えることになるでしょう。私たちは、自分を喜ばせたもの、不快にさせたもの、傷つけたものをすべて心に刻みます。特に、私たちを傷つけたものは、私たちのからだに深刻な影響を与えることになるでしょう。私たちは、自分を深く傷つけたものを、心の奥に抑圧し、その後なかなか思い出そうとしません。

こうした心の傷は、私たちの〈エネルギー体〉にたまり、その結果〈物質体〉（＝肉体）にブロックを引き起こすのです。この苦痛に満ちたブロックを意識化して、心から消去することができれば、肉体の不調も徐々に取り除かれるでしょう。

ある成人が、まるで子どものように**小さいからだ**をしている場合、その人は、子ども時代のある時に成長をやめてしまったことが分かります。その決意は、自分と同性の親がすごく苦しんでいるのを見てなされた可能性があるでしょう。

たとえば、ある女性が、小さい頃に、お母さんがものすごく苦しむのを見たとします。この女性は責任を感じ、すぐにでも大人になってお母さんを助けてあげたいと思います。しかし、当然のことながら、そんなことは不可能です。そのため、この女の子は、普通の子どものように、親に保護された安全な幼年期を過ごすことができません。そして、ある時に、大人の人生はあんなに大変なのだから、自分は大人になるのをやめよう、と決意してしまうのです。こうして、彼女のからだの成長は止まってしまいました。

男性の場合であれば、お父さんが苦しむのを見て、同じように決意してしまいます。あるいは、あまりにも立派で、力強く、知恵のあるお父さんなので、高い玉座の上に祭り上げ、自分はどうあがいたところで足元にも及ばない、と思い込んでしまった場合もあるでしょう。こうして、お父さんの足元にも及ばないという信念が物質界に具体的な形を取るのです。

こうしたからだの小さな人たちは、一方で、肩にとても思い荷物を背負っているような印象を与えます。この重みが彼らを押しつぶし、彼らの成長をはばんでいるのです。この人たちは、家庭内で起こったことにとても大きな責任を感じてしまったのでしょう。

また、こうした人たちの中には、子どもの頃、従順な人間になろうと思った人たちもいるようです。それはだいたい両親のどちらか一方が原因になっています。その従順すぎる親を激しく裁き、批判して、自分は絶対に従順にはなるまいと決意したのですが、やがて時間が経つにしたがって自分もまた従順になるしかないと思うに至るのです。

大きなからだを持っている人は、子どもの頃から自分は大きいと思っており、お父さんやお母さんのように大きく、あるいはもっとずっと大きくなろうと決意したのです。自分で意識しているかどうかは別として、そういう人は、内面的にも大きくなろうと思っています。面白いことに、世代を経るにしたがって、男性も女性も、だんだん背が高くなってきています。

太りすぎのからだを持っている人は、一般的に、他者から侮辱されても屈辱感を感じないようにするために、ぜい肉を必要としているのです。小さい時に侮辱を受けて何度も苦しみ、もうこれ以上苦しむのはいやだ、と決意したのです。そして、侮辱を跳ね返すために、ぜい肉によって自分のからだを覆ったのです。

からだのどの部分が最も太っているかを見れば、その人がどんな種類の侮辱を受けたかが分かるでしょう。たとえば、おなかとお尻にぜい肉をたくさんつけている人は、性的なことに関する辱《はずかし》めを受けたのです。太ることによって魅力的でなくなれば、異性が寄って来ませんので、それだけ侮辱を受ける機会が減るわけです。

良い人だと思われたいので、この人は次から次へといろいろなことをくわだて、そして多くのことを引き受けすぎるでしょう。誰にもいやな思いをさせたくないのです。自分が多くのことを引き受ければ、だれも自分にいやな思いをさせないだろうと思っているわけです。

この人は、そんな生き方を続けたくないのであれば、自分の〈信念〉の見直しをする必要があるでしょう。愛する人たちの問題を引き受けないとしても自分は良い人間なのである、ということを認めなければなりません。そして自分を恥ずかしく思うことをやめ、自分は何もしなくてももともとＯＫなんだ、ということを知る必要があるのです。

一九三〇年代に、アメリカの生理学者であるシェルドンが、人間の振る舞い方に関して広範な研究を行ないました。そして、人間は、肉体の形態によって三種類に分けられる、という結論に達したのです。つまり、エンド・タイプ、メゾ・タイプそしてヘクト・タイプです。

エンド・タイプの人は、丸いからだをしており、上半身が重要な意味を持っています。手や足はあまり大きくありません。顔が丸く、大きく、柔らかく、首は短いといえるでしょう。肩が優しくふくらんでおり、胸が大きく、おなかがたっぷりとしています。皮膚が柔らかく、骨が細いのも特徴です。このタイプは、感情が豊かです。

メゾ・タイプは筋肉質の肉体を持っています。からだは強靭《きょうじん》で、角張った印象を与えるでしょう。身長はおしなべて低く、四角い大きな顔をしており、唇は厚くてしっかり閉じています。首は長く、筋肉質です。腹部よりも胸部の方が発達しており、腰が力強く発達しているでしょう。手と足は筋肉質で大きく、肌は厚くてしっかりしており、太い骨を持っています。

ヘクト・タイプはほっそりしており、大変デリケートな印象を与えます。小さな、三角形の顔をしており、あごがとがっていて、小さな唇を持っているでしょう。また、首が細くて長いのも目立ちます。肩は下がっており、前に傾いている場合が多いようです。腹部は平らで、手と足はやせ細っており、肌はきめが細かくて乾いています。骨は小さめです。このタイプは、頭脳派、知性派であるといえるでしょう。

ある人間が、エンド・タイプ、メゾ・タイプ、ヘクト・タイプのどれか一つの特徴だけを備えている、ということはまずありません。ほとんどの人は、二つのタイプないし三つのタイプの混合型であり、そのうちの一つが際立っている、ということになります。

からだのある部分が、本来の姿よりも著しく大きくなっている場合は、そこにエネルギーのブロックがあると見ていいでしょう。

足が大きな人は、大地にしっかりとつながって、そこから大きなエネルギーを吸収しています。このタイプの人は、幼年時代に、母なる大地とつながって安心感を得ていました。そのため、その後も、足の裏から大地のエネルギーを吸い続けることになったのです。

足が小さな人は、その反対に、父なる空、すなわち宇宙から安心を得ようとするでしょう。

足の親指が地面に食い込むようになっている人は、心に不安を持っています。一方、**足の親指が完全に地面から離れている人**は、重心をかかとにおいており、物事を決定できないという特徴を備えています。想像してみてください。そんな人をちょっと押したら、簡単に倒れてしまうのではないでしょうか。

立った姿勢だと、普通、両足はだいたい肩の幅と同じくらいに広がっています。この**幅が比較的狭い人**は、内気で、遠慮がちであり、他者を前にすると気持ちが臆するタイプの人だといえるでしょう。反対に、**足を広げすぎる人**の場合、本当は臆病なのに、それとは逆の印象を与えようとしているのです。一見強そうに見えますが、内に脆弱《ぜいじゃく》性を抱え込んでいます。

ふくらはぎが太い人は、安全を確保するためにはすべてを自分でやらなければならない、と思い込んでいることが多いようです。おそらく、小さい時に、すべてをコントロールしなければならない状況に置かれていたのでしょう。自分自身で安全を確保するためには、丈夫な足を持たなければならない、と思ったのです。

ふくらはぎが細い人は、スピリチュアルなものに惹かれます。そして、他の人から世話を焼いてもらうことが好きなのです。

腿《もも》が太い人は恨みを抱えている場合が多いようです。小さい頃、不当な仕打ちを受けたり、受け入れたくない状況に置かれたりしたのです。そのときの恨みを腿にため込んでおり、いまだに持ち歩いています。本当は腿が重いのですが、それを自覚することはほとんどありません。

腿が細い人、そして**膝《ひざ》から下が外側に反《そ》っている人**は、内気で控えめな人です。このタイプの人は、腿でエネルギーとセクシャリティーをブロックしています。エネルギーが骨盤と腿の部分でブロックされており、それより下へ流れてゆきません。そのために、ふくらはぎとくるぶしが、腿に比べて極端に細いのです。

骨盤や腿の部分でエネルギーがブロックされていると、どうしてもからだの動きが緩慢になります。このタイプの人たちは地面と充分につながることができず、からだを生き生きと実感することができません。彼らは、行動を通して成果を得ることができると思えず、自分は失敗ばかりしていると信じ込んでいます。したがって、すぐに落ち込むでしょう。

膝が伸びきっている人は、だいたいが頑固者です。**膝が軽く曲がっている人**は、どんなことに直面しても、不動心を持って自由に対応することができるでしょう。**膝をよく曲げる人**は、だいたいが謙虚です。私たちは、膝を曲げないと、ひざまずくことができません。私たちは、祈るとき、何かを頼むとき、誰かに許しを請うときにひざまずく、ということを思い出しておきましょう。

さて、ここで人の**歩き方**について考えてみましょう。人の歩き方を観察するのはとても楽しいものです。人の歩き方と性格をあまりにも性急に結びつけることは避けなければなりませんが、それでも歩き方を見れば、だいたいその人がどんな傾向を持っているかが分かるでしょう。

歩く時に頭と胸を前に大きくゆする人は、まず行動して、あとから考えるタイプの人です。このタイプの人の場合、意思決定が非常に速く、時には軽率に行なわれることさえあるでしょう。

上半身が少し後ろにそり、足がやや前に出るタイプの人は、熟考してから物事を行なうタイプです。とても慎重に前進するでしょう。そして、あまりにも慎重でありすぎるために、せっかくの良い機会をつかみそこねることもあります。

同じ歩幅で、節度ある、落ち着いた歩き方をする人は、バランス感覚が良く、意志が強くて、一度決めたことはやりとげることが多いでしょう。

足を広げ、おなかを突き出して歩く人は、自分を偉いと思っている人です。見栄を張る傾向があり、いろいろなもので身を飾りたがるでしょう。たとえば、葉巻を手から離さない人がいますが、そういう人はまさにこのタイプに属するといえます。

ゆっくりといい加減な歩き方をする人は、活力のない、意志のはっきりしない、生きることにうんざりした人です。怠け者で、やる気がありません。

逆に、**きびきびとすばやく歩く人**は、熱意と喜びを持って生きている人です。

大胆に、ためらうことなく歩く人は、元気旺盛な人です。ときには虚勢を張ることがあるかもしれません。

まるで人に見られたくないと思っているかのように、**ためらいがちに、一定しない歩幅で歩く人**は、内向的かつ抑制的で、他人を恐れており、自分に自信がありません。

時々立ち止まりながらゆっくりと歩く人は、とても気が小さく、細かいことを気にする人でしょう。このタイプの人は、他人の顔をうかがってばかりいて、人生で冒険をすることができません。

大またで歩く人は、おしなべて野心が強く、精力的です。でも、そのせいで矛盾を抱え込むことも結構あるでしょう。

小またで、ほとんど地面に触れないように歩く人には、如才のない策略家が多いものです。こういう人は、どんな目にあっても、そこからまんまと無事に逃げおおせるでしょう。

内またで歩く人は、慎重で、考えすぎの傾向があります。

外またで歩く人には、自分に自信のある人が多いものです。でも、ときには、ころっと人に騙されることがあります。また、無謀さゆえに事業に失敗することもあるでしょう。

しなやかに、すべるように歩く人は、障害にぶつかると、それをうまくすり抜けますが、そうした態度は、慎重であるようにも、また無謀であるようにも見えます。

ところで、**私がからだの一部について、大きいとか小さいとか言う時は、その人のからだの他の部分と比較してそう言っている、ということを忘れないでください。**

男性でも女性でも、**お尻の小さな人**は、歩くときにお尻を引き締めながら歩いています。それは、物事を自然のままにまかせることができず、いつも自分をコントロールしようとしているためです。そして、人からコントロールされることを極端に恐れます。

男性の場合、ホモセクシャルの人にこの傾向が強く見られます。女性の場合、コントロールは、努力して媚《こ》びを売る、という形で現われやすいといえるでしょう。いずれにしても、このタイプの人は、胸のところにエネルギーのブロックがあります。そして、我を忘れて性行為に身をゆだねることができません。

お尻の大きな人は、自分の性的な魅力、肉体的な魅力を充分に活用する術を知っています。

とても大きなペニスを持っている男性は、自分の性的な豪傑ぶりによって自分を価値づけることが多いようです。自分のペニスに多くのエネルギーを充当し、ペニスが大きいゆえに自分はより男らしいのだ、と考えるでしょう。肉体面を重視するタイプなのです。

とても小さなペニスを持っている男性は、若いときに、自分のペニスこそが罪の根源であると思ったことがあるはずです。また、自分の性的な欲求をとても恥ずかしく思い、マスターベーションをすることに罪悪感を持った可能性があります。

極端に大きいペニスや極端に小さいペニスは、幼い頃に非常に強いエディプス・コンプレックスを持った男性に見られるようです。

他の人間の幸福に大きな責任を感じている男性は、しばしば、自分の性的喜びよりも相手の女性の性的喜びを優先させ、自分のペニスの大きさや、自分の性的欲求はそれほど気にしません。

逆に、官能に貪欲で、自分の満足を優先させる男性は、相手の女性のことよりも、自分の性的な喜びのことばかりを考えるでしょう。自分のペニスに大きなエネルギーを充当します。

男女の性行為は、コミュニケーションの手段であると同時に、再生産の手段でもあります。男性は、大きなペニスを持っていればいるほど、性行為をコミュニケーションの手段と見なしがちです。性行為を通じて、相手との触れあいを強く求めるのです。

女性の場合、性器の大きさと口の大きさには関連性があります。口の大きな女性は、性器もまた大きいのです。したがって、口の大きな女性は官能的であり、性行為によるコミュニケーションをとても大切にします。

とても小さな性器を持っている女性は、パートナーとの性行為に困難が生じやすく、**とても大きな性器を持っている女性**は、パートナーとの性行為がとてもスムーズに行なわれるでしょう。

骨盤が広くておなかが出っぱっている人は、この部分にエネルギーのブロックがあります。このタイプの人の場合、エネルギーが頭の方にも足の方にも流れず、おなかのところに滞留しているのです。支配的になっているのは、恐れ、不安、権力欲、傲慢のエネルギーです。それらのエネルギーを解放するためには、地上に生きているすべての人をはぐくんでいる生命力を信頼し、自分を愛し、自分のまわりにあるすべての存在を愛することです。

胸がふくれている人は、胸の中に空気をたくさんため込んでいます。胸の中の空気を吐き出すことができないのですが、まるで、空気が足りなくなることを恐れているみたいです。その恐れは、何かが足りなくなるのではないかという恐れに由来しています。したがって、このタイプの人は、常にすべてをコントロールしようとし、すべてに注意を払い、すべてを確かめようとするでしょう。それはまた、自己信頼の欠如を意味してもいます。自分の価値に不安を持っているので、絶えず何かを達成しようとします。そして、自分がしたことに対して、常に感謝を強要するのです。

胸がへこんだ人は、空気を、つまり生命力を吸うことに困難を覚えています。まるで人生を充分に開花させることを恐れているかのようです。

深くたっぷりと呼吸をする人は、人生を開花させることを受け入れています。私たち西洋人は、通常、肺の底まで空気を吸い込むことができません。感情がたまって太陽神経叢がブロックされているので、そこまで空気が入っていかないのです。したがって、人生を十全に開花させることがなかなかできません。

東洋人であるインド人たちは、その多くが若い頃から呼吸のしかたを習います。ヨガを実践するからです。ヨガに上達すれば、エネルギーの大半を、呼吸を通じて得られるようになるでしょう。彼らの師である仏陀の像は、からだをゆったりとくつろがせた瞑想の姿勢をとっています。足を開いて組み、両手を広げて膝の上に伸ばしており、おなかは豊かにふくらんでいます。

それに対して、西洋人である私たちの師イエスの像は、十字架にかけられ、苦しんでいる姿です。手は広げていますが、十字架に打ちつけられ、足は狭く閉じて交差しています。この像を見ていると、私たちは苦しむために生きている、と思いたくなってしまいます。

事実、私たち西洋人は、人生を肯定して、そこから善きものを受け取ることがなかなかできません。幸福になるためには、苦しまなければならないと考えるようになっているのです。このメンタリティーがあるために、私たちは多くの不調や病気に悩まされるといってもいいでしょう。

乳房は母性原理を表わしています。**乳房の大きい人**は、小さい頃から、まわりの人たちに対して母親のように接してきた人たちです。愛されるためには、みんなに対して母親の役割を演じなければならない、と感じていたのです。

でも、この母親らしい振る舞いは、たった一度の決心から選択されたものではありません。母親らしい振る舞いをやめようとすれば、そのような機会は何度でもあったはずなのです。でもそうはしませんでした。さまざまな人格のうち、この部分を他人から賞賛される必要があったのであり、子どもや配偶者からの、その部分に対する感謝を必要としたのです。こうした人の中には、自分のお母さんのお母さん役を務める人さえいるでしょう。

乳房がとても小さい人は、自分の母親としての能力に疑いを抱いています。もちろん、だからといって、母親の役割を果たせないというわけではありません。でも、実際に、自分はあまり良い母親ではない、と感じており、常に良い母親であることを自分に証明しようとするでしょう。

乳房が柔らかくて垂れ気味の人は、性格も軟弱であることが多く、よくしゃべりますが、あまりたいしたことができません。このタイプの母親は、子どもを叱って、よく「やめなさい！ やめないと、～しますよ」と脅しますが、実際にそれを実行することはまずありません。育児に関しては、原則を貫くことができない場合が多いでしょう。

肩が頑丈そうに盛り上がっている人は、「何でもまかせなさい。すぐに解決してあげましょう」と言うタイプです。

肩が前屈している人は、まるで全世界を自分が背負っているように感じているかもしれません。解決すべき問題をたくさん背負い込んでいるだけでなく、他の人たちの運命まで自分が背負わなくてはならないと感じている可能性があります。こういう人は、背負っている問題の中には、自分が背負わなくてもよいものがあるのではないか、と一度は自問してみるべきでしょう。

肩が歪んでいる人は、いつも緊張状態にある人です。自分に降りかかる問題に対して、絶えず身構えているのです。肩にのしかかってくる厄介ごとを受け止めるために、いつも肩を緊張させています。常に不安で防衛的になっており、家族全員を幸福にするのは自分の責任だ、と考えている可能性があるでしょう。

首は、精神とからだをつなぐ役割を持っており、さらに、頭を支える役目も果たしています。首を見ると、からだに関するあらゆるエネルギー系が、今どうなっているかが分かるでしょう。というのも、血液、空気、食物そして神経のすべてが首を通って循環しているからです。ですから、首は、からだの中で非常に重要な役目を果たしています。

まっすぐで頑丈な首の上に、毅然とした頭が乗っているタイプの人は、大成功を目指しており、しかもあらゆる規則を守り、かつ自分の感情をコントロールすることができます。そして、自分が責任を果たしたことに対する感謝を強く要求します。理想的な父親像、つまり、強くて勇気があり、才能にあふれている男性を体現しているのです。

長くて、太くて、筋肉質の首は、生命エネルギーが盛んなことを示しています。つまり、物質的、肉体的、性的なレベルの欲望をたくさん持っており、それらを満たすことに満足を見出す人であるのです。

肉付きのよい、短くて力強い首もまた、生命エネルギーをたくさん持っているしるしです。ただし、このタイプの場合、生命エネルギーを、早急に、反射的に表現したがる傾向があるといえるでしょう。

長い首を持っている人は、人との付き合いが自然に行なえない傾向があります。ある種の冷たさ、自己抑制、神経質な面があるのです。

首の付け根の位置にある第七椎の部分に折れ目があるように見える場合、つまりその部分で首が極端に前に曲がっているように見える場合、その人は、幼少時に何らかの深刻なトラウマを経験している可能性があるといえるでしょう。

腕は、人生における新たな経験を受け入れて抱きしめる能力を象徴しています。指の関節と肘《ひじ》の関節には、古い感情のエネルギーがため込まれていることがあり、私たちの多くはそれをなかなか解除することができません。**指や肘の関節が柔らかい人**は、新たな経験を素直に受け入れられる人です。腕はまた、人を抱きしめるという機能も持っています。ですから、**長くて大きな腕**は、新たな経験を進んで受け入れる能力、人々を差別することなく受け入れる能力があることを示しています。逆に、**短い腕**は、自己抑制が強く、新たな経験をなかなか受け入れられないことを示しているでしょう。

大きなあごは、エネルギーが盛んで、肉体的な持久力があるしるしです。大きなあごを持っている人は、エネルギーの蓄積量が多く、疲れにくく、持久力を備えており、根気がある、といえるでしょう。現実感覚を持った行動派で、物事を実現させる力を備えています。逆に、**小さなあ**

ごを持っている人は、本能が弱く、物事を実現する力をあまり持っていません。内気で、神経質な面を持っているのです。現実感覚を備えておらず、行動することが不得意だといえるでしょう。

丸いあごを持っている人は、女性性と優しさを体現しています。また、決断力が弱く、計画を実行する力に欠ける、という面もあるでしょう。

四角いあごは、男性性の象徴です。四角いあごを持っている人は、力強く、バイタリティーにあふれ、決断力に優れ、リーダーシップを取るのが好きです。

次に、**口**を見てみましょう。口は、欲望、食欲、失望、拒絶などを象徴する場所です。口には、私たちの愛情面、官能面が現れるのです。もちろん、口が大きいとか小さいと言う時は、からだ全体と比較してのことであるのは言うまでもありません。

口の大きな人は、口の小さな人に比べて食いしん坊である、とはよく言われることです。大きな口を持っている人は、外向的であり、また積極的でもあります。物質的な欲望、愛情に関わる欲望、知的な欲望、性的な欲望などをすべて満たすためには、どうしても大きな口が必要なのです。

口の小さな人は、逆に、食べ物に対する拒絶感があり、まわりに対して心を閉ざしがちで、自分の内にこもることが多いといえるでしょう。小さな口は、内向性、優柔不断、外部からの情報への抵抗性、などを象徴します。

内側に引っ込んでいる口は、社会性の欠如、引きこもりの傾向を表わしています。こういう口は、特にお年寄りに多く見られるものです。

逆に、**外側に開いている口**は、子どもっぽさを示しています。母親への依存、外部環境への依存、物質的かつ知的な栄養物への依存を表わしているのです。

薄くて真っすぐな口は、活動性、客観性、決断力などを表わしています。それに対して、**厚みがあってはっきり目立つ口**は、女性的で、感受性が強く、影響されやすいことを表わしています。**厚い唇**が温かい感じがするのに対して、**薄い唇**は冷たい感じがします。厚い唇は、感覚の喜びを大切にする食いしん坊であることを表わしているでしょう。

下唇が少し下がっている、柔らかくてちょっと開かれた口は、意志の欠如を思わせます。**口角が上がっている口**は、楽観主義、喜び、活気などを表わします。それに対して、**口角が下がっている口**は、苦しみ、不平不満、あら探しなどを表わします。

ここで、**口と鼻のあいだの距離（鼻の下の長さ）**について見てみましょう。この距離が長い人は、肉体的なエネルギーの方が、心の力よりも勝っている、ということを物語っています。この距離が短い人は、心の力の方が強いのです。

さて、それではここで、**鼻**について考えてみたいと思います。鼻の長さをどうとらえるか、ということに関して、ここで一つの基準を示しておきましょう。バランスの取れた顔においては、鼻の長さと、耳の長さ、そして瞳と瞳のあいだの距離が等しくなっています。それを基準に考えてください。

長い鼻を持っている人は、ものごとを熟考するタイプです。行動したり決定したりする前に、時間をかけてじっくりと考えるでしょう。何かを決心する前に、過去の経験に照らし合わせ、未来のことを慎重に計画します。

短い鼻を持っている人は、自発性、敏捷性、迅速性などを特徴としています。

鼻翼が大きく、堅固で、力強い人、つまり**大きな鼻**の人は、自分のエネルギーを最大に生かして使える人です。政治家や大企業の社長などに、このタイプの人が多く見られるでしょう。

一方、鼻翼が狭くて尖ったように見える**小さな鼻**を持った人は、自分のエネルギーを節約するタイプであるように思われます。このタイプの人は引っ込み思案で、自分を信じておらず、勇気を持って困難を打開することがあまりできません。

鼻梁《びりょう》が太くて真っすぐな人は、自らを律する力が強く、自分のエネルギーをうまく統御することができるでしょう。

力強い鷲《わし》鼻の人は、征服する力、組織を率いる力が強いようです。

また、出っぱった額の下に**反った鼻**を持つ人は、物事を軽々しく信じやすい人です。

鼻の付け根は、精神的な力、つまりものごとを実現する能力を表わします。**鼻の付け根が太くて出っ張っている人**は、精神の力が強く、計画を迅速に実現することができます。一方、**鼻の付**

け根が狭くてへこんでいる人は、物事を実現する精神力をあまり持っていません。**鼻の先端が尖っている人**は、直観力に富んでいます。そして、情熱に突き動かされるということがなく、デリケートで繊細な心を持っています。

一方、**鼻の先端が丸くて大きい人**は、情熱的かつ社交的です。物質面、肉体面を積極的に探求します。

また、**鼻の先端の肉付きがいい人**は、外部の世界に、熱心に、また人間的にかかわります**鼻の先端があまり前に出ていない人**は、引っ込み思案で、人づき合いがよくありません。**鼻の先端が唇の方に垂れ下がっている人**は、財産をたくさんため込んで、かつそれを隠します。交渉を、自分にとって有利になるように進めることが得意でしょう。

ここでくり返し言っておきますが、からだの一部分だけを見て、すべてを知ることができると考えるべきではありません。人間とは複合的な存在なのです。からだの他の部分も合わせて考えなければならない、ということを忘れないでください。

それでは、**頬**《ほほ》に関して調べてみましょう。頬の豊かな人は、頬の貧弱な人に比べて、現実への適応能力が大きいといえるでしょう。

豊かな頬を持っている人は、エネルギーをたくさん持っており、外界に対して意識が開かれています。したがって、とても社交的です。

貧弱な頬を持っている人は、活力に欠け、意識が外界に対してそれほど開かれていません。

平板な頬を持っている人は、ある種の指導力は備えていますが、他者に対する思いやりをそれほど持っていません。大胆に人の先頭に立って物事を推し進めようとしますが、それを最後までやりとげるエネルギーに欠けています。

くぼんだ頬を持っている人は、明敏で生き生きとしています。いろいろと責任を引き受けたがるタイプです。反応は大げさですが、行動力には欠けます。場合によっては神経質になり、活力を失うでしょう。

頬骨の張った人は、男性的で戦闘的です。そして、時には、エゴイスティックで残酷になります。**頬骨が引っ込んでいる人**は、孤独を好み、内向的です。内にこもるタイプだと言っていいでしょう。また、フラストレーションをため込みやすいかもしれません。

耳は三つの部分に分けることができます。古典的な基準では、耳の調和が取れているためには、次のような比率でなければなりません。まず、耳の上部である耳介《じかい》が一二分の五、中間のくぼんだ部分である耳甲介《じこうかい》が一二分の四、さらに耳朶《じだ》（耳たぶ）の部分が一二分の三である必要があるのです。耳甲介は社会的な活動に関係があり、耳たぶは日々の具体的な活動に関わっています。

耳介が大きい人は、思考優位型、つまり知性が支配的な人です。**耳甲介が大きい人**は、他の人の話をよく聞く、社交的なタイプの人です。逆に、**耳甲介が小さい人**は、社交を嫌い、閉じこもりがちでしょう。

耳たぶが大きい人は、現世的、物質的なものに引かれる傾向があります。ごちそうが大好きで、よく働き、よく食べて、肉体のエネルギーをさかんに発散させます。

耳たぶにはさまざまな形がありますが、以下にその代表的なものをあげておきましょう。

頬から遠ざかるようにして長く垂れ下がる大きな耳たぶを持った人は、感覚的な能力に優れており、バランスの取れた、静かな話し方をします。

頬にくっつく四角い耳たぶを持った人は、神経質であり、また戦闘的でもあって、自分の主張を押し通そうとします。

耳たぶがほとんどない人は、イライラしやすく、また、肉体が緊張しがちで、豊かな感情表現に欠けます。自分をコントロールしようとしすぎるのです。

肉付きがよく、大きくふくらんだ耳たぶを持っている人は、肉体的な活力にあふれ、自信に満ちているでしょう。

薄くて小さい耳たぶを持っている人は、神経質で、現実的な感覚を持っていません。このタイプで耳介が大きければ、高度に知的な人だということになります。

耳全体が小さい人は、控えめで、慎み深く、あるいは引っ込み思案で、判断力に欠け、自己評価がきわめて低いのが特徴です。

耳全体が大きい人は、それとは逆に、社交的であり、人当たりが良いために、外界に適応することが得意です。

耳の幅が狭い人、つまり高さが幅の二倍以上ある人は、なにか一つのことに注意が向くと、それ以外のことを考えることができなくなるでしょう。同時にいくつものことを考えられないのです。不寛容であるのもこのタイプの特徴です。

耳の位置が高い人は、お調子者であることが多いようです。

それに対して、**耳の位置が低い人**は、理性的で、熟考タイプ、しかも厳格であることが多いようです。

耳が頭に張り付いている人は、従順で依存的であり、法律や規則、家庭内の決まりなどをよく守るでしょう。過度に感情を抑圧しているか、あるいは過度に感情的であることが多いようです。

耳が頭に張り付いておらず、ぴんと立っている人は、独立心、自立心が非常に旺盛で、そのために、既成の権威や外部の規律に従うことができません。特に、耳が大きい場合、その傾向は助長されるでしょう。

さて、次に**目**について語っておきましょう。目がどれくらい引っ込んでいるか、飛び出しているかが、私たちと外界の関係についての指標となります。

目が落ちくぼんでいる人は、外界から引きこもった内向的な人であることが多いようです。外で起こっていることに心を乱されないように、よろい戸を閉めているという感じです。こういう人は、状況を全般的に見ることがなく、一つのことに関心を絞りがちだといえるでしょう。

私の観察によれば、こういう人は、自分に対して非常に厳しくて、自分の行動をいつもチェックしています。自分なりの善悪の基準や自分の価値観に反した行動をとってしまうと、激しい罪悪感にさいなまれるでしょう。他者に対する責任感からではなく、自分で決めたことをやったり言ったりしなかったことで、自分を責めるのです。

目が飛び出てもいないし、引っ込んでもいない人は、外界に対してとても開かれています。外界の刺激ならなんでも受け入れるので、注意散漫になりがちでしょう。全体に注意を払いますので、一つのことに集中することができません。

私の観察によれば、こういう人は、他人の幸不幸に責任を感じるタイプだといえるでしょう。そして、人から非難されると、罪悪感をいだくのです。

目が飛び出ている人は、精神がダイナミックで、陽気であり、生きる喜びにあふれていて、とても官能的だといえるでしょう。外向的な性格をしているのです。

斜視の人に関しては次のことがいえます。

左目が上の方を向いている人は、普通の人よりも感情的になりやすいようです。
右目が上の方を向いている人は、思考が乱れやすいようです。
左目が外側に向いている人は、知性と外界が結びつきにくいようです。つまり、知性が空回りしてしまうのです。こういう人は、うつ状態におちいりやすいといえるでしょう。
右目が外側に向いている人は、とても感じやすい人です。行動するときは、ただひたすら感性に従うようです。いつもやる気にあふれています。
左目が内側に向いている人は、恐れに基づく深い劣等感を持っています。
右目が内側に向いている人は、疑い深く、恨みを持ちやすい性格だといえるでしょう。悩み出すと、自分のことしか考えなくなります。
左目が外側の上の方を向いている人は、時間の感覚があまりなく、非理性的で、とても夢見がちです。
右目が外側の上の方を向いている人は、知性をうまくコントロールすることができません。
目と目のあいだの距離にもいろいろな意味があります。その距離が狭ければ狭いほど、その人の意識が狭いということを意味します。逆の言い方をすれば、自分のやっていることにひたすら集中することができる、ということでもあるでしょう。
目と目のあいだがすごく狭い人は、意識が極端に狭いことを意味します。

目と目のあいだが広い人は、意識が広く、ビジョンを見やすい人だといえるでしょう。さまざまなものを同時に認知することができます。とはいえ、目と目のあいだが極端に広い人は、注意が散漫となり、どんなことにも反応しなくなります。

目をキョロキョロさせる人は、神経質であることを示しています。一方、**目が動かない人**は、集中力が高いといえるでしょう。ただし、これも極端になると、冷淡さないしは愚かさのしるしとなります。

まつげは、その人がどのようにしてエネルギーを行動に転化させるか、ということに関してさまざまなことを語ります。

短いまつげの人は、自発性にあふれ、今この瞬間に集中して生きることができます。

長いまつげの人は、じっくりと考え込むタイプです。行動する前に考えすぎるので、なかなか行動することができません。

まつげが太い人は、心のエネルギーを、直接、介在なしに表現します。極端になると、エネルギーの表現はきわめて荒々しいものとなるでしょう。

まつげが細い人は、繊細で感受性が鋭いといえるでしょう。

まつげの方向がそろっていない人は、エネルギーを表現する時に、調和を欠くことがしばしばです。その行動を予測することができず、また理解することもなかなかできません。

まつげがきれいにそろっている人は、エネルギーを恒常的に、調和に満ちた仕方で表現することができるでしょう。

まつげがびっしりと詰まって生えている人は、愛情の面でブロックがあることが多いようです。他者を所有したがる、嫉妬深い人がそんなまつげをしています。

まつげとまつげのあいだが空いている人は、意識野が広く、愛情面でのブロックがないことを示しています。

まつげが下向きの人は、観察の能力が高いといえます。ただし、あまりにも下を向きすぎている場合、知識が極端に少ない人であることを示している可能性があります。

逆に、**まつげが上を向いている人**は、夢見がちで、心ここにあらず、といったところがあるようです。

まつげが真っすぐの人は、自己を律する力が強く、また断固たるエネルギーを持っているので、物事を実現する力が強いようです。

まつげがカールしている人は、やさしく、女性的であり、集中力が高いというよりも、むしろ想像力が拡散しやすいといえるでしょう。

眉毛に関してひとこと言うとすれば、眉毛が密集していればいるほど、意志の力が強いことを表わします。場合によっては内にこもるタイプであることもあるでしょう。

次は、**額**について考えてみましょう。額は知性を象徴すると考えられます。額によって知性のあるなしが判断できるというよりも、その形によって、知性をどのように表現するかということが分かるのです。

大きな額を持っているからといって、知性が高いというわけではありません。むしろ、そういう人は、思考に対してより大きな価値を置いている、ということを示しているのです。

平らな額を持っている人は、集中してものを考える人です。思考と行動において、大変慎重でありかつ安定しています。

大きく張り出た額を持っている人は、同時に何種類もの情報を受け取って処理することができるでしょう。

斜めに傾いた額を持っている人は、物事を決定するのが速く、勇猛かつ大胆で、ためらうことなく危険に向かっていきます。斜めに傾く度合いがさらに強い額を持った人は、しばしばあまりにも衝動的で、危険をあまりにも好みすぎるでしょう。こういう人は、考える前に行動してしまいます。

なめらかで均等に丸い額を持った人は、受容性が高く、夢見がちで、あまり理性的ではありません。

丸いけれどもあちこちに隆起のある額を持った人は、抽象的な思考形態を持っています。哲学的であり、知覚の範囲が非常に広いといえるでしょう。発見、未来、計画などに興味を示します。

長方形の額――つまり、縦よりも横の方が長い額――を持った人は、考え方が狭いということがいえます。こういう額を持った人には、はっきりした正確な指示を与えなければなりません。こういう人は、限定された形ではありますが、積極的で、現実的、また客観的な行動を見せることがあります。

次に、**頭の大小**、そして、**目や、耳や、口や、鼻といった感覚器官の開き具合**を見ておきましょう。それらを観察することによって、ただちにその人の性格の特徴を見抜くことができるのです。

頭が大きく、かつ感覚器官が大きく開かれている人は、膨大なエネルギーを持っています。こういう人は、疲れを知りません。どれほどエネルギーを使っても、それが尽きるということがないのです。

一方、**頭が大きくても、感覚器官があまり開かれていない――つまり、目や口が小さい――人**は、自己防御のためにエネルギーを使い惜しみします。そのため、エネルギーがたまりすぎ、それが緊張をもたらすのです。

頭が小さく、そして感覚器官が大きく開かれている人は、エネルギーをあまり持っていないわりに、エネルギーを使いすぎます。エネルギーの浪費によってバランスが崩れ、力を失ってしまうでしょう。

頭が小さく、かつ感覚器官があまり開かれていない人は、エネルギーをそれほど持っていませんが、使うエネルギーもそれほど多くありません。したがって、エネルギーの需給のバランスは取れているといえます。エネルギーを浪費しなければ、穏やかで、晴れ晴れとした気分を保つことができるでしょう。

顔は、三つの部分に分けることができます。調和に満たされた人であれば、この三つの部分がバランスよく配置されているはずです。

顔の上方の部分——つまり、頭頂から目の下のあたりまで——は、思考に関わるといえます。顔の中ほどの部分は、愛情面、また、外界との結びつきの様子を表わします。つまり、感覚や感情に関わるといえるでしょう。下のまつげから口のあたりまでがここに含まれます。

顔の下方の部分は、本能と行動に関わります。口からあご、さらに首までがそこに含まれます。

これらの三つの部分のいずれかが目立っているとすれば、それに関わる特質がその人の人生において際立っている点なのです。

顔の上方の部分が、他の二つの部分よりも目立っているとすれば、その人は、現実家というよりも、思想家であって、計画を立てたり着想を得たりすることの方が好きです。

顔の中ほどの部分が目立つ人は、他人と直接的に触れ合うことを非常に求める人で、また他人からの影響を受けやすいともいえます。何かを決める時は、まわりの人からの影響を受けがちでしょう。生き方は、感覚を主体としたものであることが多いようです。

最後に、**顔の下方の部分が目立つ人**は、具体的なものが好きであり、行動力が旺盛です。

さて、〈形態学〉に関するこの章を終えるにあたって、次のことをくり返し言っておきたいと思います。つまり、あなたが〈形態学〉に基づいて人間を観察する場合、常にからだ全体を視野に入れながら各部分の特徴を探っていただきたい、ということです。どうか、ある一部分だけに注目して、その人の特徴を決めつけるようなことはしないでください。

そうすればあなたは徐々に、からだの形態に基づいて人の特徴を探る技術——つまり、〈形態学〉——のエキスパートになれるでしょう。あなたが多くの人と一緒に仕事をしているのであれば、特にこの章で述べられたことがとっても役立つはずです。誰かと接するたびに、最初の数分で、あなたはその人に対してどんな態度をとればいいのかが分かるようになるからです。

ただし、ここで言っておきたいことがあります。**その人の不調、病気、表情、からだの形などからその人の特徴を探るのは、決してその人に対して優越感を持ったり、その人を支配したりするためではありません。そうではなくて、その人によりよく奉仕するためなのです。これだけは、はっきりと理解しておいてください。**

この本でお伝えしている知識は、人間という素晴らしい被造物を前にして、あなたの喜びや感動をさらに高め、あなたの意識をより進化させるためのものであることを、どうかお忘れなく。

それでは、以下に、この章の結びの言葉をあげておきます。これから七日間、毎日二〇分ほど、この言葉について瞑想してくださるようにお願いします。

私の肉体は、私の魂がこの地球上に姿を現わすための入れ物にほかなりません。したがって、私の肉体は、私の魂のあり方を表現しているのです。

第一一章　あなたは〈あなたの病気〉です

あなたのからだが不調になったり、病気になったりしたときは、あなたのからだはあなたに対してメッセージを送ってきているのです。そのメッセージとは、「現在、あなたが感じていること、考えていること、言っていること、していることはあなたのためになっていません」というものです。それは、あなたを〈真実の愛の道〉にできるだけ早く連れ戻すためのものである、ということが、この章を読んでゆくうちにだんだん分かってくるでしょう。というのも、不調や病気は、あなたが自分や他人、また人生を愛していないということを教えるためのサインであるからなのです。

私は、あらゆる病気は心が原因で起こると考えています。以前であれば、そんなことを主張すると人々は大いに反発したものです。「そんなことはありえない！」という固定観念があったからです。でも、今はだいぶ情報がいきわたっているので、私の主張もかなり受け入れられるようになりました。

心に原因があって、それがからだの病気として現われるのです。つまり、心の悩みや痛みが、からだの病気の原因となるのです。お医者さんや看護師、またそれ以外の健康の専門家たちが、だんだんとそのことを理解するようになってきています。

でも、あなたは、たぶんこう考えるでしょう。「そんな馬鹿な！　だって、純粋に肉体的な病気というものがあるじゃないですか！」たしかに、そのように見える場合もあります。でも、もっと詳しく調べてみると、実はそうではないことが分かるのです。

では、具体的な例をあげて見てみましょう。今ここに、**消化不良**で**吐き気**のする女性がいるとします。チョコレートを食べすぎたのです。ですから、彼女は、チョコレートの食べすぎがこの症状の原因だと思っています。つまり不調の原因は純粋に肉体的なものだと思っているのです。

しかし、表面的なことにとらわれないで、もう少し深く見てゆくと、この女性がなんでそんなにたくさんチョコレートを食べたのか、という原因を探求することになります。いったい彼女の人生において何が起こったのでしょうか？　それほどたくさんのチョコレートを食べずにいられなかった原因は何だったのか？　それほどのチョコレートで埋めなければならなかった彼女の心の空虚さとはどんなものだったのでしょうか？

そうした心の空虚さは、普通、自分を受け入れていないことから生じます。ですから、彼女がそれほどたくさんのチョコレートを食べたのは、自分の価値が感じられず、自分を受け入れることができない、というところに原因があったのです。そのため、彼女は、自分にたくさん優しさ（＝甘さ）を与えることによって、なんとか「気分よく」なろうとしたわけなのです。チョコレートには、〈ごほうび〉の意味があることはよく知られています。この女性は、自分自身にごほうびをたくさんあげることで「心地よく」なりたかったのです。

他の例をあげてみましょう。ある男性が、朝目を覚ますと、**足**が痛いということに気づきました。実は、昨日、いきなり五キロほどジョギングをしたのです。普段ほとんど走っていないので、これは明らかに無理のしすぎでした。したがって、足の痛みが純粋に肉体的なものだと思ったところで、何の不思議もありません。

しかし、では、どうして肉体的な限界を超えてまでジョギングをしたのでしょうか？　もしかしたら、何か、あるいは誰かから逃げ出したかったのではないでしょうか？　どこかへ逃げたかったのでしょうか？

実は、この男性は、ある上司のもとから逃げ出したかったのです。そのために自分の限界を越えて走り、そして足を痛くしたのです。

何か肉体的な不調が起こった場合、それは必ず心の中の原因に気づくためのきっかけであるのです。原因はすべて外部にある、と考えて自分から逃げるのではなく、自分が抱えている問題にきちんと直面しなくてはなりません。自分をいつわって、問題の原因は純粋に肉体的なものであると考えている限り、その問題の本当の原因を取り除くことができませんので、いつまでも問題は私たちにつきまといます。

病気や不調に関して、こうした考え方をすると、非常に興味深い結果が現われてくるでしょう。病気や不調がとてもポジティブなものに変化するのです。あなたは、それらを引き起こすことになった自分の考え方や生き方を反省し、それらを修正することによって、自分を大いに〈進化・成長〉させることが可能となるでしょう。

あなた自身の内部に、あなた専属の〈癒し手《ヒーラー》〉がいることに気づかなくてはなりません。

今、あなたが指を切ったとしましょう。あなたはすぐに絆創膏を指に巻きます。そして、そのことは忘れてしまうでしょう。何日かして絆創膏をはがしてみると、傷はほとんど癒合しています。これはいったい誰が治したのでしょうか？　実は、それぞれの人間には、自動的に働く自然治癒力が備わっているのです。

生きる喜びや安らぎ、愛に満たされて生きていると、免疫力と自然治癒力が完全に機能するようになる、と主張する人たちがいます。そういう生き方をしていれば、私たちが絶えず作り続けているガン細胞ですら、完全に排除されることになる、と言うのです。一方で、恨み、憎しみ、復讐の念、裁きの気持ちなどを持って生きていると、免疫力と自然治癒力は低下するということです。つまり、**愛に反する心が病気を招く**のです。

では、現代西洋医学とスピリチュアルな医学とはどのように違うのでしょうか？

現代西洋医学は、傷ついた箇所、病気になった部分、つまり、からだの病変部だけを扱うのです。そして、手術、薬剤、放射線などによってその部分を治療します。そして、医者が治療を施せば、あとはからだが治癒を完成させる、と考えます。医者は、病気の目に見える部分だけに関わり、病気を引き起こすことになった心の原因には関わろうとしません。

一方、**スピリチュアルな医学**は、人間の存在全体に関わります。つまり肉体的な次元、感情的な次元、精神的な次元、スピリチュアルな次元のすべてを扱うのです。スピリチュアルな医学の実践者は、人生の一瞬一瞬を、喜びに満たされて生き、無条件の愛を実践し、本物の心のやすらぎを得れば、どんな病気でも治ると固く信じています。スピリチュアルな医学は、患者の患部や症状のみを相手にするのではなく、それらの患部や症状を持った患者の全体を相手にするのです。

私たちが、現代西洋医学のお医者さんに診てもらいに行くとき、私たちは、「あの先生が私を治してくれるに違いない」と思うものです。したがって、「私のからだをすっかりお任せしますので、どうか治してください」などと言いかねません。

一方、スピリチュアルな医学を実践するお医者さんのところに行く場合、私たちは次のように考えるでしょう。「私は、病気の本当の原因を発見したい。私は、あらゆる病気の原因が自分にあることを知っている。だから、その原因を探ることができれば、もう二度と同じ病気にかかることはないはずだ。また、私は、この病気を通して、自分をより深く知りたいと思っている」

つまり、スピリチュアルな医学の目的は、私たちが、自分のためにならない感情や考え方に気づくためのサポートをする、ということなのです。つまり、私たちが、〈真実の愛の道〉に戻ってさらに進化できるようにと私たちを支えることがその目的なのです。

ですから、あなたはこの章で、病気や不調が持つメタフィジックな側面を知ることになるでしょう。〈メタフィジック〉という言葉は、ここでは、「病気の根本原因の探求に関わる」という意味で使われています。

病気の本当の原因は、精神や思考、つまり考え方の中にあります。ある人たちからこういう質問を受けました。「でも、その根拠はどこにあるのですか?」「誰がそれを発見したのですか?」「どうしてそれが真実だと分かるのですか?」私はそうした質問に対して、次のようにしか答えられません。「それが真実でないと証明した人は、歴史上、まだ、ただの一人もいません」

この〈メタフィジックな体系〉がどのようにして作られたかは誰にも分かりません。それはおそらく、文明ができた時からあったのです。かつて、それはごく一部の特別な人にしか知られていませんでした。でも、ここ数十年間で、多くの人たちに知られるようになりました。なぜかといえば、人類が、それを知ることができるまでに充分進化したからなのです。

でも、私が確信を持って語るから、という理由だけでそれを信じないようにしてください。本に書かれているから、という理由だけでそれを信じ込まないようにしてください。

それを本当に知るためには、何度も何度も自分で経験して、それが本当であることを確かめる必要があるでしょう。あなたもご存じのように、現在、あらゆる教えが、あらゆる形で、あらゆる場所に、書物、セミナー、ワークショップ、講演会として出回っています。こうした教えは、あなたが自分や他人をよりよく知り、よりよく受け入れるためのきっかけにならなかったとしたら、存在している意味がまったくないのです。教えがどこから来ているかはあまり重要ではありません。大切なのは、それがあなたをどれだけサポートできるか、ということなのです。どうすればそれが分かるでしょうか？　経験を通じない限り、それを知ることはできません。

それでは、そろそろ〈病気の原因〉に踏み込むことにしましょう。病気の原因はいくつかあります。

まず始めに、**カルマに原因がある病気**について考えてみましょう。カルマによる病気は過去世から引き継いだものです。それら——そこには、からだの障害も含まれます——は、生まれたばかりの赤ちゃんに見られる病気がそうですし、ごく幼い時期にかかる病気にもカルマによる病気があります。ただし、カルマによる病気を持っているからといって、一生のあいだそれが治らないということではありません。過去世においてまっとうされなかった何かをまっとうさせるための病気であるに過ぎないからです。

何年か病気や障害を経験した後で、それらから解放された人の例はたくさんあります。科学の目からしたら、それは〈奇跡〉としか思われないでしょう。でも、奇跡などというものは、もともと存在しないのです。むしろ、当人の心の中に〈変容〉が起こったと考えるべきでしょう。そして、〈からだ〉というのは、心が表現されたものにほかなりませんから、心の中に変容が起これば、からだにその変容の結果が現われるのは当然なのです。

からだに障害がある人でも、これからの人生を、無私の心で一切の見返りを期待することなく他者のために尽くそう、と考えた時点で、それらの障害が消えてしまうことがあるのです。これは《スピリチュアルな法則》による治癒だと言うことができるでしょう。

次に、**心が創り出す病気**について考えてみましょう。たとえば、いま、親しい人——たとえば母親——が、自分の幼い頃に、ある病気で亡くなったために、その病気をものすごく恐れている人がいるとしましょう。ある対象を強く恐れると、それが〈想念の鋳型〉として〈精神体〉の中に作られますが、この〈鋳型〉が非常に強力な場合、それが病気として現実世界に姿を表わすことがあります。つまり、その人は、自分の〈精神体〉を使って病気を創り出したことになるのです。そうした事態を避けたいのであれば、この人は、病気に関する〈想念の鋳型〉ではなくて、健康に関する〈想念の鋳型〉を〈精神体〉の中に創り出す必要があります。

また、ある病気、またはある不調が、何年、何月、何日に、あるいは何時ごろまでに、きっと起こるはずだ、と信じ込んでいると、その通りに病気や不調が起こることもあるでしょう。

三番目に、**他のストレスを避けるための病気**について考えてみましょう。たとえば、ここに、会社でこれから非常に厳しい状況に直面しなければならない人がいるとします。その場合、この人は、その状況に直面しないために、重い風邪にかかることがあるのです。そうすれば、一週間ほど会社を休めるからです。その結果、その厳しい状況に直面せずにすみ、ストレスを避けることができます。一週間休息をとった後で会社に出勤すると、その状況はもっと直面しやすいものに変わっているでしょう。これは、その人が、潜在意識の中で望んだことだったのです。

不調や病気が現われた時には、次の質問を自分にしてみてください。「この病気になることで、私はどんな利益を受け取ることになるのだろうか？　この病気になることで、私はどんな得をするのだろうか？　この病気は私をどのように助けてくれるのだろうか？　この病気になることで、私はどんなストレスを避けることができるのだろうか？」

もし、その病気になることによって、何らかのストレスを避けられるということが分かったとしたら、次のことを受け入れてください。すなわち、「いやな状況を避けるために、こんなふうにからだにつらい思いをさせる必要はまったくない」ということです。そうした状況が存在するということを、ありのままに受け入れさえすれば、それに直面することが可能となるでしょう。

もし、休息や休暇が必要であれば、それを上司にはっきりと伝えるだけでよいのです。病気を引き起こさなくても、そうした状況に直面することは充分可能なのです。あなたのからだは当然、そんなふうにしてストレスを解決することの方を、はるかに好むでしょう。

私たちが、**小さい頃に〈決意〉したことが原因となって病気になる**ことがあります。そうした決意は、他人との関係、自分自身との関係、また人生との関係からなされるものです。それは、特に親との関係からなされることが多いといえるでしょう。私たちは両親から愛されることをあまりにも強く望むので、その結果として、彼らの考え方や振る舞い方のパターンを自分の中に取り込んでしまうのです。でも、それは彼らの生き方、考え方であって、私たちのものではありません。私たちの一人ひとりが、自分自身の人生計画に従って生きなければならないのです。

あなたの病気や不調が、なにかサインを送ってきた場合、それは必ずしもあなたの生き方を全面的に変えなさい、ということではありません。考え方を何か一つ変えなさい、と言っているのかもしれません。あるいは、振る舞い方を何か一つ変えなさい、と言っているのかもしれないのです。

あなたが、怒りやすく、短気で、攻撃的な人間であったとしても、それはあなたの短所ではありません。あなたはそのように創られたのです。ただ、あなたは、自分の怒りやすさ、短気、攻撃性を、自分に役立つように使う必要があるのです。あなたにとってそれらが短所になるのは、あなたがそれらを自分の役に立たないように使った場合だけなのです。

実際には、〈短所〉というものは存在しません。私たちが短所と呼んでいるのは、間違って使われた長所に過ぎないのです。短気であるのは、ある人にとってはとても役に立つことであるかもしれません。そのおかげで、その人は速く仕事を行なうことができるからです。攻撃的な人は、早目に仕事に着手して、それを精力的に推し進めることができるかもしれません。怒りっぽい人は、精神力を集中させ、他者の反対にあっても断乎として仕事を推し進めることができるかもしれません。ただし、そうした特質を間違って使えば、まず苦しむのはあなただということになるでしょう。あなたは、包丁の柄を握ることもできれば、包丁の刃を握ることもできるのです。前者の場合、すてきな料理を作ることができますし、後者の場合、手を切ってけがをするだけです。

あなたの病気の原因を探ることによって、あなたは自分自身についてよりよく知ることができ、しかも、そのようにして知ったことを自分のために使えるようになるでしょう。

ですから、本当に体調が悪いと感じたら、まずは、すぐお医者さんに診てもらうようにしてください。お医者さんは、あなたのからだのどこがうまく機能していないのかを指摘してくれるでしょう。その診断をよく聞いてください。お医者さんは、それから、薬を飲むとか、注射をするとか、手術をするなどの治療方針を話してくれるでしょう。そのお医者さんの方針、忠告を聞いて、どうするかを決めるのはあなた自身です。ただし、それを決める前に、治療の仕方、薬の効果や副作用などについて、しっかり聞いておくのはあなたの責任です。もし、手術を勧められたとすれば、なぜ手術をするのか、どのように手術をするのか、手術の効果はどのようなものか、などについてしっかりと聞いておく必要があるでしょう。

以前だと、医学を盲目的に信じて、とにかく医者に言われるままにどんな手術でも受けたものですが、その後幸いなことに時代はだいぶ進歩しました。現在は、セカンド・オピニオンを得ることも可能になっています。また、アドバイスをしてくれる人もたくさんいますので、そういう人たちからアドバイスを受けるようにしましょう。でも最終的な決断はあなた自身が下さなければなりません。医者から進められた治療を受けるかどうかは、あなた自身で決める必要があるのです。

もし医者の指示に従うことが心地よいのであれば、あなたはそれに従えばいいと思います。ただ、一方で、できるだけ早く病気の原因となった心の問題を探るようにしてください。もし本当にその原因が分かったとすれば、もう処方箋や治療は必要ないと感じられるかもしれません。今度は、自分が、自分自身のお医者さんまたはヒーラーになれるからです。原因さえはっきり分かれば、自分で自分を癒すことが可能になります。医者というのは病気の専門家であって、必ずしも健康の専門家ではない、ということを思い出してください。

ただし、医者が信頼できる人であれば、あなたの経験、あなたの生き方を彼と分かち合いながら、一緒に治療を進めることも可能です。現在では、ホリスティック医療に対して開かれた医者もだいぶ出てきていますので、そういう医者となら協力体制を組むことができるでしょう。

これは興味深いことですが、あなたが病気の原因を特定化する際に、処方箋に書かれた薬に注目することでヒントが得られる場合があります。

もし、薬が**口**から飲むもの、あるいは**直腸**から吸収するものであったとすると、その病気の原因は、肉体的なレベルに関わっており、しかも過去との関連が深い、ということになります。過去において何かが受け入れられていないのです。もしかすると、あなたはまだ過去に生きているのかもしれません。過去に自分がしたことで罪悪感を感じているのではありませんか？　あるいは過去に関係のある何かほかの原因で罪悪感を感じていませんか？

もし、薬が、**皮膚**を通して吸収するものであったとすると、病気の原因は、感情的なレベルに関わっていることになります。そして、現在、あなたの人生に起こっていることと関係があるのです。あなたは何らかの出来事によって感情を乱されていませんか？　あるいは、出来事を、愛の心で受けとめることができずにいるのではありませんか？

もし、薬が、**呼吸器**を通して吸収するものであったとすると、病気の原因は、精神的なレベルと関係しており、しかも未来に関わっています。あなたは未来をひどく恐れていませんか？　あるいは、未来に起こるかもしれない出来事を恐れているのではありませんか？

それ以外に、病気の原因を探る方法としては、次の質問を自分にしてみるという手もあります。「この不調が現われたとき、私の人生には何が新たに起こっていただろうか？　もし、調子の悪いこの部分が完全に機能しなくなったとしたら、私は現在の時点で何ができなくなるのだろうか？　私は、からだのこの部分を、何をするために最もよく使っているだろうか？」

少しずつ病気の原因が分かってくると、あなたは、それではどんなことをすればいいのか、ということが知りたくなるでしょう。その時は、私が書いた『〈からだ〉の声を聞きなさい』や『自分を愛して！』などをお読みになってみてください。これらの本には、過去に生きることをやめ、感情を表現し、不安から開放されるための具体的な方法が述べられています。

もし何か事故にあって、そのためにからだの一部にトラブルが生じたのであれば、それは、あなたが罪悪感を持っていることを意味しています。ただし、この罪悪感はほとんどの場合、自覚されていません。どの領域で罪悪感を感じているのかを知るためには、あなたのからだのどの部分がけがをしたのかということ、またその部分はどんなことに役立っているのかということを確認する必要があります。

私たち人間は、罪悪感を持つと、自動的に自分を罰しようとするものです。したがって、事故や苦しみによって無意識のうちに自分を罰することになります。

そんなふうにして自分を罰したときには、本当に自分には罪があるのかどうかを考えてみる必要があるでしょう。あなたは意図的に自分や他人に対して悪いことをしようとしたのですか？もし「ノー」であるなら、ただちに自分を責めることをやめてください。そうすれば、自分を罰しなくてすむでしょう。

さて、自分に休む時間を与えるために、無意識的に事故を呼び込む人もいます。意識的に自分に休みを与えることができないからです。たとえば、仕事をしばらく休むことができるように、足を骨折する人がいるのです。

私たちがもっと賢明になって、自分を責めることをやめれば、もう苦しむ必要はなくなるでしょう。自分を心から肯定し、自分も他人も責めずに、さまざまな決意をすることができるようになるでしょう。そうなれば、喜びと調和を感じながら成長し、進化することが可能となるのです。

ここで、自分の不調や病気の原因をもっと早く知る方法をお教えいたしましょう。それには、トラブルが、からだの右側に起こっているのか、左側に起こっているのかに注目するのです。

からだの右側は、〈男性原理〉と関係があります。それは、力、権力、勇気、高貴さ、偉大さ、豪胆さ、正義、意志、粘り強さ、自律、理性、論理、組織化、などに関わっています。人間における行動的な側面なのです。創造し決定する役割をになった〈女性原理〉から命令を受けてそれを実行に移す、という役割を持っているのです。この側面に関して、あなたはお父さんからの強い影響を受けているでしょう。というのも、〈男性原理〉に関してあなたはお父さんから学んだからです。ですから、私が右にあげた種々の側面を、お父さんがどのように体現していたかを、一度しっかりと思い出して確かめておく必要があるでしょう。

からだの左側は、〈女性原理〉と関係があります。それは、優しさ、純粋さ、繊細さ、美しさ、優美さ、魅力、受容性などに関わっており、芸術、詩、音楽、調和などと深く結びついているのです。さらに、直観と創造性をつかさどっています。推論、分析などに頼るのではなく、直観にしたがいます。人間における、創造し、決定する部分をつかさどっているのです。あなたの〈女性原理〉は、お母さんからの影響を受けているでしょう。お母さんから学んで、あなたは〈女性原理〉を発達させてきたのです。

現代社会においては、男女の別にかかわりなく、多くの人が〈男性原理〉だけを発達させています。家庭によっては、父親が男性原理を体現しておらず、むしろ母親の方が男性原理を強く持っている場合もあるでしょう。そのために、そこで育った人の人生が混乱するのです。つまり、現代では、自己同一性を獲得するプロセスがより困難になっているといえます。

理想的なのは、場合に応じて、〈男性原理〉と〈女性原理〉を適宜使い分けることでしょう。二つの原理のうちどちらかが充分に使われていないとき、あるいはどちらかが使われすぎているとき、または両者が調和していないとき、私たちのからだは私たちにサインを送ってきます。

あなたのからだが不調や病気を通してあなたにサインを送ってくるのは、あなたが現在理解していないことや気づいていないことをあなたに教えるためである、ということを覚えておいてください。この章に書かれていることを通じて、あなたはこれから、さまざまな不調や病気の原因について学ぶことになるでしょう。もしかすると、あなたは次のように言うかもしれません。「えっ！　嘘でしょ！　そんなわけないわ！」でも、そんなに性急に結論づけないで、心を開き、次のように考えていただきたいのです。「たしかに、今のところ、私の体調不良とここに書かれていることのあいだに関係があるとは思われない。でも、まったくありえない話ではないかもしれない。もう少し時間をかけて観察してみよう」

できるだけ心をオープンにし、からだに対してもっとサインを送ってくれるように頼んでみてください。私たちは、からだが送ってくるサインを、最初のうちはどうしても受け取ろうとしないからです。あなたの心の中に起こっていること——つまり不調や病気の原因——をあなたがしっかりと自覚していれば、からだは決してメッセージを送ってこないでしょう。

もう一つ覚えておいていただきたいのは、あなたが、読書や講演、セミナーなどを通して受け取る情報は、すべて、あなた自身の進化・成長のためにあなたに届けられているということです。あなたは、自分が得た知識や気づきを、決して他者を変えるために使ってはなりません。他者とよりよいコミュニケーションをとるために、また他者に今まで以上の思いやりを示すために使わなければならないのです。

というのも、からだが送ってくるメッセージを理解できるようになったとき、私たちにとって、自分を知るためにそれを使うよりも、他者を分析するためにそれを使う方が、はるかに楽だからです。ですから、あなたが理解したメッセージをもとに、他者に対して説教することだけは避けてください。むしろ、あなたが得たことに基づいて、その人に質問をし、その人が自分で自分の問題に気づけるようにしてあげてほしいのです。あなたは自分が知ったことに基づいて、相手の心の状態を前もって知ることができますから、相手をよりよい方向に導くための質問をすることができるでしょう。

さて、ここで、あなたにとても大事なことを申し上げたいと思います。次の言葉を何度も読んで、絶対に忘れないようにしてください。

自分の不調や病気を創り出したのが自分自身であると分かっても、決して自分を責めないようにしましょう。あなたが悪いわけではないのです。

心の成長、魂の進化を目指す人というのは、完璧主義者であることが多いものです。そして、完璧主義者というのは、自分を責めるプロでもあるのです。この本が書かれたのは、みなさんの自責の念を助長するためではありません。

かりに、あなたの不調や病気を招いたのがあなたの頑固さであったとしても、決して「私ってなんてひどい人間なのだろう！」などとは思わないでください。あなたは、きっと、自分が想像していた以上に、傲慢で、冷酷で、頭でっかちの人間である、ということに気づくことでしょう。でも、だからといって、自分をとんでもない人間だと感じて、罪悪感を持つことだけはやめていただきたいのです。あなたのそうした考え方や生き方は、あなたが幼い頃、両親や身近な人たちから受け継いだものに過ぎないからです。幼い頃に引き継いだそうした考え方や生き方が、今のあなたにはもう必要ではないということに気づきさえすればいいのです。たったそれだけのことなのです。

この本質的な点を理解していただくために、具体的な例をあげてみましょう。

いま、あなたが家の大掃除をすることを決意したとします。あなたは、長いあいだ放っておいた引き出しの奥とか、クローゼットや押入れの奥、地下室、車庫などを片付けることになるでしょう。そこには、あなたが置いたことさえ忘れている品物もあるはずです。

それらのいくつかは、あなたが大切に取っておこうと考えたものかもしれません。その場合、あなたはそれらについたほこりを払い、そのうち使おうと、しかるべき場所に置き直すでしょう。また、もう使わないだろうと思われるものも見つかるはずです。その場合には、それらを誰かにあげるか、または処分するかもしれません。その際に、あなたは、それらを一つひとつ確認しながら、次のように言って自分の頭をたたくでしょうか？　「まったく、私ってなんてひどい人間なのでしょう。こんなものを一〇年も前に買っていたなんて！　いったいどんなつもりだったんでしょう！」

そんなものを買ったからという理由で、いま自分を責めてみても何の意味もありません。いちいち騒ぎ立てずに、必要のなくなったものを、冷静にただ処分すればいいだけなのです。

自分の心の問題に関してもまったく同じことがいえるでしょう。あなたの役に立たなくなった考え方、言葉、態度、行動などに関しても、いちいち目くじらを立てずに冷静に処分するだけでいいのです。あなたは、幼い頃にそれらを誰かから受け継いだ（＝買った）だけなのです。当時は、それがあなたの役に立っていたのですが、現在ではそれはあなたに不都合をもたらすだけとなっています。だから、それを手放すだけでいいのです。

あなたが内面の大掃除をし、不要となったものを手放し、心のバランスを取り戻せば、あなたの心の中には、美しい経験や愛を受け入れるためのスペースができるでしょう。そんなふうにして新しい生き方、新しい態度を採用することで、私たちは、かつてまわりの人たちから受け継いだプログラムを捨て去り、自分の人生を再創造することが可能となるのです。他人の個性から来たものを手放して、自分自身の個性を発揮させることが可能となるのです。

以上を要約してみます。自分の気に入らない面が見つかったら、次のように言いましょう。

「やった！　ついに今までの悩みの原因を発見した。それを見つけた以上、ただちに行動を起こして、自分を変え、人生をよりよいものにしてゆこう。発見したことを人生において実践しさえすればいいんだ」

人間のからだというのは、本当に素晴らしいものです。あなたのからだが、不調や病気を通してあなたに送ってくるメッセージの意味を、これから一緒に学んでいきましょう。私は、からだを、七つのチャクラに応じて、七つの部分に分けてみました。

まずは〈尾骨のチャクラ〉に対応する**からだの基底部位**について考えます。次に、〈聖なるチャクラ〉に対応する**腰とおなかの部位**、さらに、〈太陽神経叢のチャクラ〉に対応する、みぞおちのあたりに位置する**太陽神経叢の部位**、さらに〈心臓のチャクラ〉に対応する**心臓の部位**、ついで、〈喉のチャクラ〉に対応する**喉の部位**、そして〈額のチャクラ〉に対応する**顔の部位**と〈頭頂のチャクラ〉に対応する**頭頂の部位**。以上の七つのチャクラに対応するからだの各部位について、これから一緒に学んでいきましょう。

なお本書では、代表的な不調についてのみ、ごく簡単に取り上げています。さらに詳しい説明や、その他の不調の解説を知りたい方は、事典形式の本『自分を愛して！』をお読みください。そこでは、四五〇項目を超える病気と不調を扱っており、それぞれ、「肉体的なレベル」「感情的なレベル」「精神的なレベル」「スピリチュアルなレベル」から、その〈原因〉と〈対策〉を詳細に解説しています。

①からだの基底部位

からだの基底部位とは、つま先からお尻までのことですが、この部位には、尾骨という四つの椎骨《ついこつ》が含まれています。

この部位にトラブルを抱えている人は、物質生活や肉体生活に関する恐れを持っている人だといえるでしょう。自分が見捨てられ、孤立していると感じているのです。自分の問題を解決するために、たった一人きりで行動しなくてはならない、と感じています。

からだの基底部位は、私たちと母なる地球をつなぐ部位だといえるでしょう。地球は、その上に生きるあらゆる被造物を養うために存在しています。

私たちは、地球とのつながりを失い、自分を助けてくれる存在があると思えなくなると、不安を感じ始めるのです。そして、その時、私たちのからだは、その不安を自覚させるためのメッセージを私たちに送ってくることになります。

地球とのつながりを失った人は、ものや人に極端に依存するようになるでしょう。自分が幸福になるためには、それらがなくてはならないと考えるようになるのです。そういう人は、しばしば、からだの基底部位にトラブルを抱え込むでしょう。人生の目標を見失ったり、目標があってもそれを実現するために行動できなくなったりするのです。状況が完全にそろうまで行動できなくなるのです。

足、脚、尾骨、お尻にトラブルを抱え込んでいる人は、自分の安全のためには、自分の外にあるものや人に頼らなければならないと考えています。そして、自分の安全をおびやかすと思われる人や状況、また条件と格闘するのです。自分の内にある大いなる力とのコンタクトが失われているからです。つまり、〈信仰〉がないのだといっていいでしょう。

足（足首からつま先まで）のトラブルは、未来に対する恐れ、また責任を取ることへの恐れと関係があります。もしかすると、どうしていいか分からないにもかかわらず、前進することを急ぎすぎているのかもしれません。では、どうすればいいのでしょうか？　人生を愛し、目前に起こってくることをそのまま受け入れることです。そうすれば、未来はそれほど恐ろしいものではなくなります。

かかとのトラブルは、自分が理解されていないと感じている人に起こります。あるいは、未来に対して漠然とした不安を覚えている人に起こります。この場合、からだが伝えてきているメッセージは次のようなものです。「他人から理解されないと思い込む前に、まずその人たちのところに行って確かめてごらんなさい。あなたが自分で勝手にそう思い込んでいただけだ、ということが分かるはずです。いずれにしても、あなたが前に進むのに、人から理解される必要はありません。さあ、勇気を出して、一歩を踏み出しましょう！」

膝は、脚のうちで唯一、折り曲げることの可能な部位です。膝のトラブルを抱え込む人は、前に進みたいと思っているのに、生き方は変えたくないと思っていることが多いようです。古い〈思い込み〉のせいで前に進むことができません。柔軟性を欠いているのです。傲慢になっており、特に、自分の未来や他人の未来に関して、非常に硬直した考え方をしています。自分の責任を引き受けようとせず、そこから逃れようとする傾向もあるでしょう。だから、膝にトラブルを抱え込み、それが治りにくいのです。硬直しているために、考え方や生き方を変えることができないのです。

膝は曲げるため、あるいはひざまずくためにあります。あなたの膝にトラブルがあるとすれば、それは、あなたが他者に対して、膝を曲げて身を低くすることができないからでしょう。あなたのからだはこう言っています。「他者にも理があることを認め、時々は他者の導きに従った方が、あなたのためになりますよ。また、あらゆる努力を払って、責任を引き受けるようにしてください」

膝のトラブルを抱えている人は、自分がいずれ両親のうちのどちらかに似た人間になるのではないか（例えば、アル中の母親のように、または、子どもを虐待する父親のように）、と恐れている場合があります。この場合のからだからのメッセージは次のようなものです。「親を裁くのではなく、親を愛するようにしましょう」

痔にかかっている人は、現在の生活を重荷と感じており、プレッシャーを感じて緊張しています。肩に重すぎる荷物を負っていると感じて苦しんでおり、しかも、苦しんでいるのは自分に罪があるからだと思い込んでいるのです。そしてその荷物を負い続けますが、それは、傲慢さと恐れのために、人に助けを求めることができないからです。荷物を負い続けることができないのではないかと恐れるのをやめて、素直に人に助けを請えばよいのです。そうすれば、あっけなく問題が解決し、前に進めるようになるでしょう。

②腰とおなかの部位

この部位には、背中側では、仙骨に属する五つの椎骨、またおなか側では、下腹部からおへそのあたりまでの部位が含まれます。そして、ご存じの通り、この部位には、生殖器、膀胱、腎臓、腸などが存在しています。

ここには性エネルギーと創造エネルギーをつかさどる〈聖なるチャクラ〉もあるために、からだの中では特にエネルギー・レベルが高い場所だといえるでしょう。この部位には、自分の人生を創造するための偉大な力が宿っているのです。

私たちが感覚的なものを追い求めると、この部位が活性化されるでしょう。ただし、これは非常に興味深いことなのですが、私たちがこの世的な感覚の喜びだけを追求すると、人生の本当の目的からそれていってしまいます。人生の本当の目的とは、知恵の獲得、意識の覚醒、愛への目覚め――つまり神に向かっての目覚めだからです。五官は、単に食べものや飲みもの、セックスなどを楽しむためにではなく、本当はあらゆるところに神を感じ取るために使われなければなりません。

腰とおなかの部位にトラブルを抱えている人は、自分のための人生を創造するのではなくて、他人のための人生を創造しようとしています。この人は、自分には充分な力がないのではないかといつも不安でしかたありません。そして、他の人たちに支配されるのではないかとあまりにも強く恐れるため、実際にそのようになってしまうのです。ですから、誰か他者に向き合ったとき、あるいは何らかの状況に直面したときに、自分を無力な存在だと感じます。

そうやって作り出される恐れによって、からだの基底部位のみならず、腰とおなかの部位もまた強い影響を受けます。外部からの感覚刺激に反応しやすい人も、腰とおなかの部位にトラブルを抱え込みやすいのですが、さらに、性的罪悪感を持っている人もまた、この部位にさまざまなトラブルを起こしやすいといえるでしょう。

腰のあたり、あるいは仙骨の部位にトラブルを抱える人は、人生の物質的な側面に重きを置きすぎているはずです。仕事、財産、お金といった物資的なことにしか興味を示しません。腰とおなかの部位は、からだを支えるための重要な役割を担っています。したがって、自分が支えられていると感じるために多くの財産を必要とする人は、この仙骨のあたりにトラブルを引き寄せやすいのです。

財産は、本来なら、自分が支えられていると感じるためではなく、私たちが神に近づくために使われなければなりません。私たちの支えになるのは私たち自身なのです。私たちは、たとえどんなことが起ころうとも、自分の人生を思い通りに創造するための力を与えられているからです。

ある人が、誰からも支えられていないと感じている場合、その人は実際には「支えがたい」人であることが多いでしょう。そういう人は、自分が望むことを、自分が望む時に、望むやり方で、他人がやってくれるのを期待しているものです。そんな人と付き合っていれば、どんな人間であっても、やがてその人を助けるのがいやになってしまうにちがいありません。

もしあなたが他者の助けを必要としているのであれば、他者がその人なりのやり方であなたを助けるのを受け入れなければなりません。そうでなければ、すべてを自分でやる必要があるでしょう。

いずれにしても、あなたは、積極性を養い、また依存性を断ち切ることによって、自分自身で多くのことを達成できるようになります。

他者の助けを必要としている自分を認めない人は、しばしば腰のあたりのトラブルに見舞われるでしょう。ついに意を決して他者に支援を頼んだ時、たまたま他者に断られると、こういう人は落ち込んでどうしようもなくなります。

腰のあたりに痛みを抱えている人というのは、うまくいかないことがあるとすぐに他人を責めます。そして、他人から何かを頼まれると、自分の自由を侵害されたように感じるのです。もし、本当に他者の協力を得たいのであれば、まず自分が種を蒔く必要があるでしょう。すなわち喜びとともに他者を助けなければならないのです。

腰の痛みは、財産の多い少ないで自分の価値を決める人にもよく見られるでしょう。こういう人は、自分のことを、人生を創造する力をもったスピリチュアルな存在であると認めることができず、したがって、無条件の愛を人に与えることもできません。

腸は、からだの掃除をする機能も持っています。からだが作ったごみや毒素を排出するのです。したがって、私たちが、何かに執着したり、嫉妬したり、エゴイスティックに振る舞ったり、所有的になったりすると、からだの内部にもごみがたまるでしょう。ですから、〈手放す〉ことがとても大切になるのです。しがみつくことから生じる腸のトラブルは実にさまざまです。

便秘は、執着したり、我慢したり、こらえたりすることが多い人に起こりやすいようです。それらは、一つのレベルだけで起こるわけではなく、物質的なレベル、感情的なレベル、精神的なレベルで起こります。
例をあげてみましょう。所有物に執着し、それらを失うこと、あるいはそれらが足りなくなることを恐れる場合、または他人と分かち合うことをいやがる場合。自分がこうしたい、こうなりたいという気持ちを抑えてしまう場合。ある人の前で自分の感情を抑えてしまい、表現できない場合。いつまでも古い考え方にしがみつき、なかなか新しい考え方を受け入れようとしない場合。便秘にかかった時のからだからのメッセージはこうです。「人生をもっと信頼してください。あなたは、宇宙という、愛にあふれる母親のような存在によって充分愛されているのですよ」

下痢は、その人が恐れを持っているということのサインです。暗い考えを持ったり、絶望したりすると、腸にトラブルが起こりがちです。自分がやらなければならないことに比べて、自分の力は小さすぎると思ったり、自分を批判したり、責めたり、悔やんだりすると、腸にトラブルが起こりやすいでしょう。そういう人は、とても感じやすく、自分をひどく拒絶してしまいます。そのために、食べものも下痢というかたちで拒絶してしまうのです。
また、拒絶されることを恐れている人も下痢になりやすいといえるでしょう。こういう人に対するからだのメッセージはこうです。「誰もあなたを拒絶しません。あなたが拒絶されると思っているだけなのです。それはあなたの思い込みにすぎません。想像力を暴走させることなく、現実をもっと冷静に見てください」

腎臓はからだから毒や老廃物を排出する機能をになっています。したがって、むくみは一般的に、腎臓の機能不全によって引き起こされます。

ある人が腎臓にトラブルを抱えている場合、その人は、自分の感情を抑圧して、表現できずにいることが多いようです。こういう人は、相手を傷つけることを恐れないで、自分が感じていることを素直に表現した方がよいでしょう。

腎臓のトラブルは、あまりにも権威主義的な人や、大勢のために意思決定をする人に見られますが、逆に、自分では何も決められない人、また、劣等感の強い人にも見られるでしょう。後者の人たちは、自分は成功できない、自分には権威がない、自分には力がないと考えて、いつも大きな不安の中で生きています。

フランス語では、「丈夫な腎臓を持っている人」という言い回しは、「ありのままの自分を受容し、どんな問題にも立ち向かうことのできる人」という意味で使われます。

腎臓にトラブルを抱えている人の多くが、人生には自分の力を超えた不正が横行していると感じているでしょう。そして、そのために、無力感にさいなまれているのです。人生そのものが不当であると感じたり、あるいは両親が自分を不当に扱ってきたと感じたりしているのです。そのために、非常に批判的になっています。

もしかすると、あなたもそういう人の一人ではありませんか? そうだとしたら、あなたは、自分の人生の主導権を握っているのは自分自身である、ということを自覚しなくてはなりません。

さらに、あなたの無力感は、あなたが幼い頃にしたさまざまな〈決意〉から来ている、ということに気づく必要があるでしょう。それらの〈決意〉は、当時はあなたの役に立っていたのですが、現在では必ずしもあなたのためになっているとはいえません。

腹痛は、原則として恐れが原因で起こります。特に、何か、あるいは誰かを失うことを恐れているとおなかが痛くなるでしょう。

膀胱のトラブルは、基本的には腎臓のトラブルと同じメッセージを含んでいます。「何かをあれこれと心配しすぎるのはもうやめましょう。古い考え方にしがみつくのはもうやめましょう」というものです。

生殖器のトラブルは、一般的に、性的な罪悪感が原因となっています。現代においては、セックスに関し、きわめてエゴイスティックな発想がまかり通っています。多くの男性たちが、単なる肉体的な満足のためにセックスをしていますし、女性の場合、相手を愛しているからというよりも、相手をつなぎとめるためにセックスをすることが多いでしょう。

ただし、単なる肉体的な快楽のためにセックスをしている人であっても、心の奥深くでは、そんなことのためにセックスを使うべきではない、ということをひそかに感じています。そのために、性的な罪悪感を持つのです。

また、自分の性を引き受けられない人たちも、生殖器の病気にかかりやすいといえるでしょう。たとえば、本当は女の子になりたい男の子とか、本当は男の子になりたい女の子などがそうです。これは、両親が、その子とは反対の性の子どもを望んだ結果であることが多いようです。その子が胎児の段階で両親がそう思っていたとしても、それはしっかり胎児に伝わってしまいます。

セックスを、夫との取引きの道具として、つまり夫をコントロールするために使う女性は、しばしば**膣炎**にかかるでしょう。こういう女性は、ある期間夫とセックスをしない口実として、あるいは罰のために夫にセックスをさせない手段として膣炎になるのです。これらはまさに、セックスをエゴイスティックな目的のために使う典型的な例であるといえるでしょう。

帯下《たいげ》（こしけ・おりもの）というのは、夫に対していつも怒りを感じている女性、または、男性に対して無力感を感じている女性がかかりやすい病気です。

卵巣や**子宮**に関するトラブルは、人生を創造的に過ごしていない女性、または自分の得意な領域で創造性を発揮していない女性に多いようです。

月経に関するトラブルを抱え込む女性は、自分の〈女性性〉を受け入れていない場合がほとんどです。中には、〈女性性〉を拒絶するあまり男性のように振る舞ったり、男性になりたいとさえ思っている女性もいるでしょう。そういう女性は、男性の力をまったく借りることなく、すべてを自分でやらなければならないと考えるものです。男性に頼りたくないのです。一方では、心の奥深いところで、ひそかに男性を支配したいとも思っています。こういう女性は、男性のように振る舞うことをやめれば、自分が望んでいた男性が現われるかもしれません。

セックスを「動物的なこと」、「汚いこと」、「罪深いこと」と思っている女性も、月経のトラブルに見舞われることがあるでしょう。こういう女性は、嫌悪感や罪悪感、また恐れから、セックスを充分に享受することができません。でも、性欲を持つのはまったく自然で正常なことですから、自分のからだに起こることはすべてありのままに受け入れる必要があるでしょう。自分が男性を必要としているという事実をありのままに認めることが大切です。

流産というのは、その人が未来に対して不安をいだいており、母親になる心の準備がまだできていないことを示しています。あるいは、転生してくる胎児が、親の選択に関して、あるいは生まれる時期の選択に関して、おなかに宿ってから考え方を変えたという可能性もあるでしょう。

不妊は、新たな命を創り出すことへの抵抗や恐れがあることを意味しているでしょう。また、親としての経験を積む必要がないということなのかもしれません。

不妊の人は、人生を信頼する必要があるでしょう。そして、子どもを作ることが自分にとってためになることなのかどうかを、〈内なる神〉に聞いてみればいいのです。そして、まず何よりも大事なことは、ありのままの自分を受け入れて愛することなのです。

セックスが原因のフラストレーションは、セックスに関して厳しすぎる教育を受けた人によく見られるでしょう。幼い頃、性器は汚いもの、罪深いものと教えられた人たちが、性的なフラストレーションに苦しむことになります。

男性の**インポテンツ**は、強い罪悪感があったり、緊張しすぎたりする時に起こるでしょう。あるいは、別れたパートナーに恨みをいだいている場合にも起こりえます。また、自分の母親——今でも心の中に住んでいます——を無意識のうちに恐れているために強いプレッシャーを感じ、その結果としてインポテンツになる場合もあるでしょう。母親の機嫌をそこねるのが怖いのです。こういう人は、解決されていないエディプス・コンプレックスをいまだに引きずっているといえるでしょう。

ここまで述べてきた①の「からだの基底部位」と、②の「腰とおなかの部位」は、物質的なレベルに関連しています。

③ 太陽神経叢の部位

この部位は、おへそから胸の下、みぞおちのあたりまでを含みます。五つの腰椎を囲むからだの部位で、ここには、肝臓、胃、脾《ひ》臓、膵《すい》臓、十二指腸などがあります。ですから、消化に関する最も重要な内臓がそろっているといえるでしょう。

私たちは、感情面、愛情面に関することがらを太陽神経叢の部位で感じ取ります。ここは、感情、欲望、理解をつかさどるセンターなのです。

この部位にトラブルをかかえている人は、自分のスピリチュアルな成長よりも、肉体的な満足の方を優先させている、と言うことができます。他人を愛することよりも、他人から愛されることばかりを考えていますので、当然のことながら、いつも嫉妬、恨み、憎しみなどの感情に翻弄されています。

さらに、いつも攻撃されていると感じ、自分を守らなければならないと身構えている人、また、怒りを抑圧している人などもこの部位にトラブルを抱え込むでしょう。そのような怒りは、自分の欲望を肯定しないことが原因となって生じていることが多いものです。

この部位のトラブルは、また、エゴイスティックなやり方で知性を使っている人たち、つまり、他者をありのままに受け入れて愛するためではなく、他者をコントロールして自分の思い通りにするために知性を使っている人たちにも見られるでしょう。ものごとを自分流に解釈し、分析し、理屈づける人たちは、多くのネガティブな感情に翻弄されるものです。一方、他者をありのままに受容している人は、そうした感情とは無縁でしょう。

左脳的知性は、新たな情報を処理し、新たな知識を得るために使われなければなりません。それは、現実の中での自分の生き方を意識するため、そして絶えず向上を目指すために使うべきものなのです。自分にとって都合のいいように他者を変えるために使ってはなりません。

肝臓のトラブルは、他者を受け入れることができない人、まわりの人たちを批判し、裁いてばかりいる人、不平不満の気持ちで生きている人などによく見られます。そういう人は、当然のことながら、多くの怒りを感じているはずです。というのも、自分が他者のうちに見て批判している欠点は、実は自分が受け入れられずにいる自分自身の欠点でもある、ということを無意識のうちに感じているからです。こうして怒りがため込まれると、やがて肝臓のトラブルが起こるでしょう。

肝臓のトラブルは、また、悲しみの気持ちを抱え込んでいる人、イライラしてばかりいる人、他の人たちをねたんでいる人などにも見られます。こういう人は、生きる喜びを感じることができません。

こうした肝臓のトラブルに見舞われる人たちは、一般的に、スピリチュアルな進化の必要性を受け入れず、自己啓発を行なおうとせず、努力するのを拒絶していることが多いものです。

この場合、からだからのメッセージはこうです。「愛されようとしてまわりの人たちの顔色をうかがうのはもうやめましょう。自分をありのままに受け入れ、自分を愛することの方がはるかに大切なのです。自分の欲望を肯定しましょう。あなたが幸せになるのに、まわりの人たちの承認を受ける必要はまったくありません」

胃のトラブルは、いらだちや不安を受け入れることができない人、新しい考え方をなかなか同化できない人などがかかりやすいといえるでしょう。ですから、胃のトラブルに見舞われている人は、意識的にそうしたことを受け入れ、同化して、自分の人生に統合してゆく必要があります。

胃腸炎には、胃炎と下痢の両方のメッセージが含まれています。まとめて言うと、胃腸炎は傷つきやすい人がかかる病気なのです。そういう人は、ある状況または人を〈消化〉できないために、そこから逃げ出そうとするのです。他人に頼ることをやめてもっと自分自身を愛し、また他人をありのままに受け入れるようにしましょう。

胃潰瘍《かいよう》や**十二指腸潰瘍**にかかっている人は、心がいつも乱れており、実際には何でもないようなことでも、すぐドラマ仕立てにしてしまいます。いらだち、ストレス、心配などで心がいっぱいなのです。ほんの些細なことでも大げさにとらえます。

自分を肯定することができず、自分を批判し、あるいは裁いてばかりいます。自分を愛せないために非常に怒りっぽく、自分と他人を忍耐強く見守ることができません。また、すぐに人を恨むのも特徴です。

こういう人は、自分の人生において何が本当に大切なのかをはっきりさせる必要があるでしょう。こういう人に対するからだからのメッセージはこうです。「できるだけ自分をほめるようにしましょう。人生を肯定し、自分のあらゆる長所を数え上げてください」

これをしっかり実践していれば、やがてネガティブな感情が消えて、穏やかな気持ちになれるでしょう。

膵臓は、消化に関わる大切な器官です。膵臓で作られるインシュリンが、体内の血糖値を安定させるのです。

膵臓に関わるトラブルとしては、まず**低血糖症**があります。低血糖症の人は、生きる喜びがどうしても感じられません。人生が〈甘美〉なものであると感じられないのです。

ここで、甘いものが、ごほうび、優しさ、思いやり、愛情などのシンボルであることを思い出しておきましょう。現代社会には、あらゆる人が望んでいる、そうした優しさ、思いやり、愛情などが欠如しています。ほとんどの人が、外部に幸せを求めており、甘いものを摂取することで、自分にごほうびを与えようとするのです。

低血糖症の人は、また、過敏症であることも多いようです。そのために、生きる上で苦しみが絶えません。一方、自分の期待が満たされないと、まわりの人を激しく憎むこともあります。

低血糖症の人に対するからだからのメッセージはこうです。「そろそろ食べものを受け入れてしっかり消化するようにしましょう。また、自分に起こることをありのままに受け入れて、どんなことにもきちんと適応していきましょう。あなたに起こることは、すべて、あなた自身が——それを意識しているか、いないかは別として——選んで引き寄せているのですから」

さらにからだは次のようにも言っています。「他の人たちに評価されるために、また愛されるために、ひっきりなしに彼らを喜ばせようとするのは、もういいかげんにやめましょう。それよりも、あなた自身が自分を愛し、自分をほめ、自分にごほうびをあげればいいのです」

糖尿病にかかる人も、低血糖症にかかる人と同じく、愛情の欠如に苦しんでいます。生きる喜びを感じてもいいんだ、と思えないために、他人から何かを受け取ることができないのです。心の奥に深い悲しみがわだかまっていますが、ほとんどの場合、本人はそれを自覚していません。そして、その悲しみを埋め合わせるために、多量の糖分を摂取しようとするのです。ケーキや、麺類、パンなど、消化されてブドウ糖になるものをたくさん食べます。

糖尿病の人は、自分に対する愛情が不足していると感じているだけではなく、多くの場合、経済的にも恵まれていないと感じています。

私たちは、蒔いた種を刈り取るのですから、糖尿病の人は、自分に愛情が不足しているのは、自分が愛の種を蒔いていないのだ、ということを自覚しなくてはなりません。

また、お金が不足しているのは、お金を与えていないからです。さあ、愛情とお金をふんだんにまわりの人に与えるようにしましょう。その時に忘れてならないのは、見返りを期待せずに与えるということです。

④心臓の部位

心臓の部位は、腰椎の上にある一二個の椎骨のまわりに位置するからだの部位です。胸から首の下部までを含みます。

私たちは、〈ハートのチャクラ〉のエネルギーを、愛と思いやりのために使わなくてはなりません。けっして、自分や他人を批判するために使ってはならないのです。というのも、自分や他人を批判すればするほど、この心臓の部位が悪い影響を受けるからです。ハートのチャクラのエネルギーは、さらに、自分と他人を許すために使われなければなりません。

心臓のトラブルは、すべて、喜びの欠如が原因です。心臓のトラブルを抱えている人は、インナー・チャイルドを抑圧しているといえるでしょう。無理やり努力をしなければならないと考えており、しょっちゅうストレスにさらされています。一方で、自分が幸せだから誰かを愛する、というのではなく、自分が幸せになるためには誰かを愛さなければならない、と感じているため、常にフラストレーションがたまっています。

心臓のトラブルを持っている人に対するからだからのメッセージはこうです。「人生をもっと愛し、自分と他人を許して、多くの愛と喜びを人生にもたらしてください」

胸のあたりに感じられる苦しさは、その人が、自分を充分に愛しておらず、愛されていると感じようとして他人にひどく依存している、ということを意味しています。自分が依存している相手を失ったり、あるいは失うのではないかと不安になったりした時に、この苦しさを感じます。こういう人は、期待していた幸福を受け取れない時に、激しいフラストレーションにさらされるでしょう。心臓からのメッセージは次のようなものです。「もっと自分を信じ、自分を愛し、自分をほめてください。自分の短所ではなく長所を見るようにしましょう。そうすれば、自分が愛すべき人間だということを知るために他人に依存する、ということがなくなるでしょう」

不整脈は、心臓のリズムが乱れていることを示しています。不整脈の原因は、心臓のトラブル全般の原因とほぼ同じですが、それ以外に付け加えるとしたら、その人の生き方にムラがあるということがいえるかもしれません。つまり、喜びの感じ方が不規則なのです。ある時は大いに舞い上がり、ある時はひどく落ち込みます。「そういう自分を否定的にとらえるのではなく、ありのままに受け入れて愛してください」というのが、からだからのメッセージです。

心臓発作は、心の喜びを無視して、お金や権力を追求してきた生き方がついに行き詰まった、ということを意味しています。心臓はこんなふうに叫んでいます。「助けて！　もうこんな人生はいやです！　私は、愛し、愛される人生を送りたい！」

動脈硬化症は、心がかたくなになっている人、人生に抵抗している人、ひどく緊張している人などがかかる病気です。その場合、からだからのメッセージはこうです。「自分に関しても、他人に関しても、あら探しをせずに、良いところだけを見るようにしましょう。しなやかに、喜びとともに生きてゆきましょう。安心して人生に身をまかせてください。心配しなくても大丈夫です」

他人に期待をしすぎるために、自分の思い通りにいかず、したがって怒ってばかりいる人は、**背中の痛み**に見舞われます。怒りを抑圧せずに、自分の要求をしっかりと表明すべきでしょう。自分を愛することができないので、愛情をかけてくれることをついつい他人に期待してしまうのです。そして、「私を愛してくれているのなら、これもしてくれるはずだ、あれもしてくれるはずだ」、と無意識のうちに考えてしまいます。

例をあげてみましょうか？ 次のように考える主婦はよくいるのではないでしょうか？「私は家のことを全部やっている。料理、あと片付け、洗濯、掃除、何から何まですべて私がやっているわ。だから、その代わりに、家族はあれをしたり、これをしたりすべきなのよ……」しかも、彼女は、家族全員の幸福の責任は自分にある、と考えています。もちろん、それは彼女には重すぎる荷物になるでしょう。

あるいは、次のように考える男性はあちこちにいるのではありませんか？「俺は月曜から金曜まで働きづめだ。しかも、タバコも吸わないし、浮気をするわけでもない。給料は丸々あいつに渡している。だから、あいつは、こうすべきだし、ああすべきなんだ……」こう考えることによって、人から愛情をもらおうとするわけです。

背中の痛みが伝えようとしているメッセージは次のようなものです。「愛することを学んでください。つまり、自分自身を愛し、他人を愛するのです。生まれて以来、あなたは常に最善を尽くしてきました。どんな時でも、自分にできる最高のことをしてきたのです。ですから、もう、自分を裁いたり、批判したりするのはやめましょう。必要なときには、他の人に助けてもらっていいのです。どうしてもらいたいのかをはっきりと言ってください」

他人の幸福の責任が自分にあると思っている人、また、身近な人をとにかく愛さなければならないと考えている人は、しばしば**肩の痛み**に見舞われるでしょう。一般的に言って、肩の痛みを持っている人は、自分のものではない負担を背負っていることが多いのです。他の人たちの問題を自分が解決しなければならないと思い込んでいるのですが、本当は彼らにもっと〈空間《スペース》〉を与え、彼らのことは彼らにまかせ、彼らの幸福は彼ら自身が得るようにすべきでしょう。

一方、まだ来ぬ未来を重荷に感じている人も、肩の痛みに見舞われることがあります。取り越し苦労をせずに、今という瞬間を生きるようにすれば、きっと肩の痛みから解放されるでしょう。

私たちは腕を、仕事をするために、他の人を抱擁するために、また、新しい状況を抱きしめるために使います。ですから、**腕の痛み**をかかえている人は、現在、愛を込めて仕事をしていない可能性があります。もしそうだとしたら、現在の仕事の良い面を見つけて、もっと愛を込めて仕事を行ない、成功につなげていくか、あるいは思い切って、もっとやりがいのある仕事を探すべきでしょう。

また、新しい状況に直面しているにもかかわらず、それを受け入れることができずにいる可能性もあります。その場合、腕が伝えてきているメッセージは次のようなものです。「愛と信頼を込めて、その新しい状況を抱きしめてください」

あるいは、あなたが他の人たちを抱擁するために腕を使っていない場合にも、腕の痛みが起こることがあるでしょう。たとえば、父親であれば、息子を抱擁して愛情を肉体的に表現することができない場合がありますが、そんな場合には腕が痛くなることがあるのです。その場合には、勇気を出して、息子を抱きしめてあげてください。そうすれば、おそらく腕の痛みはなくなるでしょう。

物事をやり遂げる自分の能力を信じられない人も、時として、腕の痛みに見舞われることがあります。その時の、腕からのメッセージはこうです。「自分を疑うのは、もういいかげんにやめたらいかがですか?」

あるいは、誰かの〈右腕〉であり続けることができないのではないかと恐れている人も、腕の痛みに襲われることがあるでしょう。その場合には、自分の恐れが根拠を持つものなのかどうかを確かめてみる必要があります。もしあなたがこのケースに当てはまるとしたら、自分の仕事ぶりを、第三者の目で冷静に、客観的に眺めてみてください。そうすれば、自分の仕事ぶりがかなり良いものであることが分かるでしょう。心臓の部位にあるあらゆる器官が調和するためには、自分を批判せずに、ほめてあげる必要があるのです。

肘というのは、腕を曲げるためにあります。ですから、**肘の痛み**は、新しい状況に柔軟に対処できないでいる人に起こることが多いようです。この柔軟性の欠如は、立ち往生するのを恐れていることから来ます。そんな恐れがあると、かえって自由に振る舞えなくなり、したがって新しい状況に大局的に対処することができなくなるでしょう。

私たちは手を、ものを取り、与え、受け取るために、または働くために使います。ですから、手にトラブルがあるときは、あなたが現在していることを見直す必要があるでしょう。あなたは腕を使ってしていることに喜びを感じていますか？　すでにお分かりのことだと思いますが、腕と手は、心臓の部位の延長線上にあります。したがって、あなたは、腕や手を、自分と他人により多くの愛を与えるために使わなければならないのです。

左手は、〈受け取る〉ためにあります。あなたはいただいたものを愛とともに受け取っていますか？　それとも、「お返しをしなくちゃ」、と負担に思いながら受け取っていますか？　相手は見返りを期待して自分にこれをくれているんだ、と思いながら受け取っていませんか？　人があなたにくれるものは、無条件に、喜びとともに受け取らなければなりません。それはもともと、あなたに属しているものだからです。あなたは幸福を受け取るに値する存在なのです。

右腕は、〈与える〉ためにあります。あなたは、一切の見返りを期待せずに、心から相手に与えていますか？　私たちは心によって与えますが、実際にそれを行なうのは私たちの手です。与える時には、見返りも感謝も求めずに与えましょう。与えることが嬉しいから与える、というあなたであってほしいものです。幸せになるためには、常に、愛を込めて、楽しいことのために手を使う必要があるでしょう。たとえば、楽器を弾くときのように。

手首のトラブルをかかえている人は、自分が柔軟性を欠いていないかどうか自問してみてください。手首の痛い手で、あなたは、現在、何を最も頻繁に行なっていますか？　それが分かれば、あなたがどんなことに柔軟性を欠いているのかも分かるでしょう。

もし痛いのが右手首だとすれば、あなたは与えることに柔軟性を欠いており、それが左手首だとすれば、あなたは受け取ることに柔軟性を欠いているといえるでしょう。

心臓の部位に生じうる問題としては、以上のほかにもまだあります。

まず、**血液循環**のトラブルです。血液というのは、人生における喜びを象徴しています。血液というのは、あなたがどんな人間であるか、あなたがどんなことを感じながら生きているかを示すものなのです。血液を作るにあたっては食べものが大きく関係するわけですが、それだけではなく、あなたの〈感情体〉や〈精神体〉で何が起こっているかということも大きく影響します。

もしあなたが、自分自身に対して激しい批判や怒りを感じたり、また強い恐れや悲しみを感じたりしているとすれば、それは血液に影響を与え、血流が衰えたり、血液の中に毒素が排出されたりするでしょう。血流がスムーズでない場合、あなたの人生には愛が不足しているのです。あるいは、人との交流が不足しているのかもしれません。あなたに喜びをもたらすはずの社交を、あなたは自分に禁じていませんか？　また、なんらかの理由で、あなたの思考がブロックされているのではありませんか？

コレステロール値が高い人は、人生において喜びがブロックされている可能性があるでしょう。幼い時に、両親のいずれかから愛されていないと感じていたのです。特に、食べものの面倒を見てくれた親——通常は、母親、または母親代わりになってくれた人——から、愛されていないと感じていた可能性があるでしょう。肉体的に、または心理的に、充分に与えられていないと感じていたわけです。食べものを与えられることは愛されることだ、と思い込んでいたのでしょう。

こういう人は、大きくなっても、無意識のうちに、その愛情不足を他人に埋めてもらおうとします。そして、生きる喜びが感じられないのは、幼い頃に親からの愛が不足していたと今でも自分が思い込んでいるせいである、ということがなかなか分かりません。

からだからのメッセージは明らかです。「そろそろ間違った思い込みを手放しましょう。あなたは、本当は、親から愛されていたのですよ。その事実を受け入れて、からだじゅうに喜びを駆けめぐらせてください。からだじゅうのあらゆる血管に喜びを駆けめぐらせるのです。そのために、あなたのインナー・チャイルドが何をしたがっているかに気づいてあげましょう」

コレステロールに関するトラブルは、自分の才能を思い通りに発揮できていない人にも生じることがあります。その才能を思う存分発揮する勇気が出ないのです。ある特別な領域における才能が傑出しているために、やる以上は絶対に失敗してはならないと思い込んでおり、そのために最初の一歩を踏み出すことがなかなかできません。

高血圧は、かなり昔の感情的なトラブルが原因となっています。ネガティブな感情を長いあいだ引きずっているために、それが次第に増幅され、人生がますます「ドラマチック」なものとなってしまうのです。

この病気は、怒りを飲み込んでしまう人によく見られます。また、こだわりが多いためについつい感情的になってしまう人も、この病気になりやすいといえるでしょう。感情が沸騰するので、どうしても血圧が上がってしまうのです。からだからのメッセージはこうです。「批判するのをやめ、人生をドラマ化するのをやめ、穏やかな心で生きてください」

低血圧は、高血圧とは反対の症状です。「そんなこと無理だ」とか「そんなふうにしても、うまくいくはずがない」などと考えて、何もしようとしない悲観的な人がかかりやすい病気です。生命エネルギーのレベルがすぐ低くなってしまうために、人生の重荷を背負うことができないのです。生きる気力を失ってしまい、どんなことであっても、責任を引き受けることができなくなってしまいます。

もっとも、ある程度の低血圧は、人によっては正常の範囲に入ることがあります。たとえば、あなたの血圧が平均より低かったとしても、体調が良く、落ち込むことがなく、なげやりになっていないのであれば、それはあなたにとって適正な血圧であるといえるでしょう。人生の質をいささかもそこなっていないからです。

喘息《ぜんそく》や**花粉症**といった呼吸器系のトラブルは、その人が息苦しい思いをしていることを表わしています。他人が原因ではありません。本人があまりにも過敏であるために、息苦しい思いをしているのです。たとえば、自分がやりたくないことを他人にやらされても文句が言えません。また、他人から強制的に考え方を変えさせられても文句が言えません。そのために息苦しい思いをするわけです。そして、そのような状況に抵抗するために、自分のからだをつかって息苦しい状況を作り出すのです。そのような手段によってしか、他者に抵抗できないからです。

そのような人は、自分の〈空間《スペース》〉をしっかり確保する必要があるでしょう。他人から愛されようとして、八方美人になる必要はありません。まず何よりも自分を愛することが大切です。そして、人生がもたらしてくれるあらゆる美しいもの、あらゆる良いものに対して心を開きましょう。

睡眠時無呼吸症候群の人の人生には何らかの停止が生じています。そこで、どの領域にその停止が生じているのかを確かめる必要があるでしょう。古い習慣（＝二酸化炭素）を捨てないで、生命（＝酸素）の流れをブロックしているのです。自分の休息の取り方に問題がないかどうか、きちんとチェックしてみましょう。

肺のトラブルは、生きることにときめきを感じられない人、さまざまな活動に興味が持てない人、自分には生きる価値があると考えられない人に起こるでしょう。そういう人は、自分が死ぬことに対して深刻な不安を感じています。死を思わせるどんな些細なことに出会っても、ただちに深刻な不安を心の中に感じてしまうのです。こういう人は、あらゆる死が新たなものを生み出すということを思い出さなければなりません。

気管支炎は、家族の中に問題がある場合に起こりやすいといえるでしょう。たとえば、家族のあいだにコミュニケーションが不足していたり、いさかいが絶えなかったりして、つらい思いをしている人がかかりやすいのです。こういう人は、人に頼って幸福になろうとするのではなく、毎日の生活の中に自分自身で喜びと愛を作り出すようにしなければなりません。

⑤喉の部位

喉の部位は首の中間部から口の上部に至る部位です。からだのこの部位では、エネルギーが創造性を発揮するために使われなければなりません。実際には、創造するための力は、〈聖なるチャクラ〉のあたりに位置しています。しかし、その力を物理的世界に表現するのは、この喉の部位を通してであるのです。

〈聖なるチャクラ〉にあるエネルギーが変換されてからだを上昇し、喉の部位に至ってそこから外部世界に言葉あるいは音として発信されるのです。そのエネルギーは〈真理〉が述べ伝えられる時に、最高のものとなるでしょう。

このエネルギーを質の高いものとして発信すると、その結果として、人生において多くの豊かさを引き寄せることになりますので、まるで奇跡が連続して起こったように感じるかもしれません。また、このエネルギーを有効に使えば、あなたは自分に起こることには必ず解決策がある、ということが分かるようになるでしょう。あなたが向かい合うあらゆる状況、あらゆる人物は、あなたが成長するために、つまり意識をより進化させるために、自分自身で創り出したのだということが分かるようになるのです。

〈ほんとうの自分〉つまりハイアー・セルフとのコンタクトが深まれば深まるほど、あなたは自分が一人きりではないということが分かるようになるでしょう。下位のチャクラの、低い、物質的な、重いエネルギーだけを使って生きているあいだは、私たちは自分が一人きりであると感じるために、物質ばかり追い求め、問題には必ず解決策があるということが信じられません。心の波動を高めれば高めるほど、使えるエネルギーも精妙となり、自分がより神に近づいているということが感じられるようになるでしょう。自分が決して一人きりではない、ということがはっきりと分かるのです。

この喉の部位には、脊椎の最上部の七つの椎骨が位置していますが、この椎骨は頚椎と呼ばれ、首の中に積まれているような形になっています。この喉の部位を通して、私たち人間は精神的な次元に入ってゆきます。ですから、この部位に生じるトラブルは、すべて、考えることに関連しているのです。それは、〈太陽神経叢のチャクラ〉や〈ハートのチャクラ〉の部位が、感じることに関連しているのと好対照をなしている、といえるでしょう。

首が痛いために動かせない時は、からだは次のようなメッセージを送ってきています。「今という瞬間を大切にしてください。そして、現在までにあなたが作り出した美しいものや美しいことを大切にしましょう」

物事を否定する時のように、首を左右に振れない時は、あなたのからだからのメッセージはこうです。「何に対して、あるいは誰に対して、あなたは『ノー』と言えないのですか?」「イエス」と言う時のように、首を縦に振れない時は、からだからのメッセージはこうです。「あなたは何に対して、あるいは誰に対して『イエス』と言えないのですか?」

あなたは、現実に直面して、しかるべき行動をとらなければなりません。

喉の痛みは、次の二つの理由から怒りを飲み込んでしまった人に起こることがあります。一つ目の理由は、怒りの言葉を発すれば人を傷つけるかもしれないと考えたこと。二つ目の理由は、怒りの言葉を発した結果を恐れたことです。この場合のからだからのメッセージは次のようになります。「あなたは、相手を非難するためでもなく、また相手を罰するためでもなく、相手の考え方を理解して受け入れ、相手に愛を伝えるために、自分自身を表現する必要があるでしょう」

喉の痛みは、誰かに何かを伝えることを忘れたためにあなたが自分を責めた場合に起こることがあります。この場合、からだからのメッセージは次のようになります。「あなたは自分にできる限りのことをしているのですから、自分を許してあげてください」

喉が痛いだけではなくて、食べものを飲みこむこともできない時は、次のような質問を自分にしてみてください。「現在、大きすぎるために私の人生を通過することのできないかたまりがあるだろうか?」そのかたまりを前にして、あなたは自分の態度を変える必要があるのです。

口のトラブルは、ものごとをどう考えるか、ということと関わっています。**口内炎**であれなんであれ、あなたが口に関するトラブルを抱え込んでいるとすれば、それは、あなたが新しい考え方を受け入れられずにいる、ということを教えてくれているのです。もしかするとあなたは、自分や他人に対するネガティブな思いを、くり返し心に抱いていませんか?

舌にトラブルがある場合は、次のような質問を自分にしてみてください。「もし、舌がなかったとしたら、私は自分のやりたいことのうち、どんなことができなくなるだろう？」
その際に、最初に思い浮かんだ答えを大切にしてください。それが、あなたが当面問題にしなくてはならないことだからです。

舌は、話したり、味わったりするためにあります。あなたは、自分が後悔していることを言うために舌を使っていませんか？ あるいは、あとになって後悔することになるようなものを食べていませんか？ あなたは、もしかすると、性的な罪悪感を持っているかもしれません。その場合には、本当に自分が罪深いのかどうかを検討してみる必要があるでしょう。あなたは自分にできるかぎりのことをいつもしているのではありませんか？ だとしたら、後悔したり、罪悪感を持ったりする必要はないでしょう。

息が臭《くさ》い人は、復讐の念や怒りをため込んでいます（ニンニクなどを食べて一時的に息が臭くなるのは、ここでは問題にしていません）。そういう思いを持つと、本当の自分がそれを恥ずかしく感じるので、心が強い酸にさらされたようにただれるのです。もちろん、そうした思いが無意識のレベルにあるために、意識されていないということも多いでしょう。

こういう人には、他の人が、あなたの息は臭《にお》いますよ、と言ってあげる必要があるかもしれません。というのも、あまりにも長いあいだそんな状態なので、本人にはまったく分からなくなっているからです。それを教えてあげることによって、教えてもらった人は、自分が悪想念を向けてきた人に、あやまりに行くきっかけをつかむことができるかもしれません。

歯は、決心に関わっています。歯の痛みがある場合、決心しなければならないことがあるにもかかわらず、決心の結果を恐れているためになかなか決心できずにいる、ということを表わしています。からだからのメッセージはこうです。「あなたは、結果をあれこれと想像して恐れてはなりません。想像力をそんなふうに使うべきではないのです」

もし**左側の歯が痛い**としたら、決心しなければならないことは、あなたの意識の表面に上がっていないかもしれません。むしろ、本能的な領域に属しているといえるでしょう。また、もし**右側の歯が痛い**としたら、その決心は意識的また意図的になされなければならない、ということを表わしています。

歯ぎしりは、その人が怒りを抑え、涙をこらえているために神経が緊張している、ということを表わしています。

唇は、セクシャリティと直接関係しています。というのも、唇はセクシャリティを表現する器官だからです。**口唇ヘルペス**にかかっている人は、特定の異性を非常に厳しく裁いており、結果としてその裁きを異性全般にまで拡大している可能性があります。

例をあげてみましょうか？　あなたは次のように言う女性を見たことがありませんか？「男ってみんな同じね。セックスのことしか考えないんだから！」あるいは、「男は誰でも、女を自分に奉仕させようとするものよ」
したがって、口唇ヘルペスにかかるのは、異性からキスされないための予防線なのです。もしあなたがこの病気にかかっているとしたら、異性を批判することをやめ、異性の美点、長所をほめるために唇を使うようにしてごらんなさい。きっと良い結果が出るはずです。

風邪は、現在あなたの人生にあまりにも多くのことが起こりすぎている、ということを表わしています。そのために、あなたは混乱しており、また、いらだ立っているのです。からだからのメッセージはこうです。「心を落ち着けてください。あなたがやらなければならないことを書き出して、優先順位をつけ、確実に一つずつこなしていくようにしましょう」

また、毎年この時期になると風邪を引くはずだ、と思い込んでいるために風邪を引くこともあるでしょう。なぜ冬に風邪があれほどはやるかといえば、みんなが冬には風邪にかかるはずだと思い込んでいるからです。それが集合意識に深く刻み込まれているのです。

また、風邪は、肉や砂糖をとりすぎて弱った器官を通してかかる、ということも証明されています。

すでに前の章で述べたように、ストレスを避けるため、つまり増えすぎた仕事に耐えられなくなったために**インフルエンザ**にかかる、ということがあります。インフルエンザにかかれば、うしろめたさを感じずに何日か会社を休むことができるからです。そういう人に対するからだからのメッセージはこうです。「休暇を取りたいのなら、そんな病気にかからなくても取ることができますよ。自分のニーズを大切にすればいいのです」

また、インフルエンザは、その人が、誰かあるいは何かに対して反感を持っている、ということを表わす場合があります。そういう場合には、わざわざインフルエンザにかからなくても、そうした状況を自分の力で解決すればいいのです。その方が、はるかに賢いやり方だといえるでしょう。

⑥顔の部位

顔の部位は、額の真ん中あたりから鼻の下までを含みます。この部位には、脳下垂体という、人体のあらゆる〈腺〉を統合する腺があります。この部位のエネルギーは非常に強力です。エネルギーの振動数と強度が上がれば上がるほど、そこに含まれるメッセージは精妙となり、解読することが難しくなります。

すでに述べたように、〈太陽神経叢のチャクラ〉は理解をつかさどっており、しかも〈額のチャクラ〉と、じかに結ばれています。ですから、あなたが理解力を乱用すると、そのことが、直観や知性に関わる額のチャクラにまずい影響を与えるでしょう。

額のチャクラは、さらに、〈霊能力〉をつかさどる場所でもあります。霊能力を開発するのを急ぎすぎるあまり、さまざまなセミナーに出たり、その種の本を読みすぎたりすると、脳下垂体のみならず顔の部位全体のバランスをくずすことになりかねません。他のチャクラとのバランスをよく考えましょう。霊能力を発達させるための最も良い方法は、あらゆるところに遍在する神を、感じ、聞き、見るために五官を使う、というやり方なのです。

ニキビのような顔の皮膚のトラブルは、その人の自己イメージと直接関係しています。私たちのからだのうち、顔というのは、まず最初に他人が見る部位です。そして、ニキビというのは、自分を愛していない、自分を愛することができない人にできやすいのです。自分を愛していないので、他者も自分を愛してくれるはずがない、と思い込んでいるのです。だからこそ、顔の皮膚にトラブルを引き起こして、他者を遠ざけようとするわけです。

ニキビはまた、次のような主張を含んでいることもあります。「わたしのことにあれこれと口を出さないで！」こういう人は、自己イメージが極めて低いのです。

大人になっているにもかかわらず、自分の父親または母親がすごく支配的に干渉してくる人に、このニキビの問題が見られることがあります。また、母親に気に入られるために、自分の父親と同じように振る舞おうと無理して生きている成人の男子にも、こうしたニキビの問題が生じることがあるでしょう。

鼻のトラブルは、その人が、自分のまわりにある何かのにおいによって心を乱されている、ということを表わしています。この人は、愛を感じる代わりに、頭を使って考えるため、人や状況を批判したり、裁いたりしてばかりいるのです。この場合のからだからのメッセージはこうです。「身近な人やまわりの状況をしっかり〈嗅《か》ぐ〉ようにしましょう。そして、焦点を合わせるのです」そして、もしその人や状況があなたの〈空間〉を侵《おか》すようであれば、それに対してはっきりと「ノー」と言えばいいのです。もし、問題があなたと直接関係ないのであれば、あなたは自分のことに専念すればいいでしょう。他の人は他の人であって、あなたとは異なる選択をするのですから、それをそのまま認めるようにしましょう。

いびきをかく人は、古い習慣や古い考え方を捨てることを拒否している可能性があります。もちろん、この頑固さは、本人には意識されていません。そこで、いびきをかく人は、まわりの人たちに自分が頑固であるかどうかを尋ね、心を開いてその答えを聞いてみるといいでしょう。その作業が終わったら、新しいことを経験するために、積極的に行動を開始してください。

咳は、無意識のうちに、何かが「通らない」と感じていることを表わしています。人の言葉、あるいは内なる声に耳を貸していないのかもしれません。変化に対してもっと心を開くとよいでしょう。

耳にトラブルがある人は、人から言われたことで傷ついている可能性があります。このトラブルを解決するためには、先に述べた鼻のトラブルの解決法の「嗅ぐ」を「聴く」に置き換えればいいでしょう。

目のトラブルは、目で見ているもの、あるいは見たくないと思っているものによって心が乱されていることを示しています。小さい子どもがよく目のトラブルを抱え込むのは、家庭内で起こっていることによってストレスを受けているからです。思春期になってから目のトラブルを抱え込む人は、セクシャリティに対して恐れを持っている場合があります。大人になってから目のトラブルを抱え込む人は、何かを失うことを恐れている可能性があるでしょう。

近視になる人は、将来見るかもしれないことを恐れている場合があります。自分が見ているものを見たくないと思っている人に近視が多いようです。小さい頃には遠くまで見えていたにもかかわらず、できればそんなに遠くまで見たくないと思ったのです。その思いをからだが聞き取って、視力を下げたと考えられます。

また、自分のことばかり考えて、他人のことを気にかけない人も近視になりやすいようです。そういう人は、他人の視点からものごと見るようにするとよいでしょう。

近視の人に対するからだからのメッセージはこうです。「目に入ってくるものに対してもっと心を開きましょう。そして、未来をコントロールしたいという思いを手放すのです。人生というのは、必ずしも自分の思った通りにはならないのですから」

老眼は、現在見ていることが原因となり、将来に対して漠然とした不安を感じている人がなりやすいようです。たとえば、自分が老いてきて魅力を失いつつあるのを見たり、子どもが自立して家から出て行くのを見たりして、将来に対して不安をいだく人が老眼になりやすいのです。目前に差し迫った現実を見たくないと考えるために、その結果として視力に変化が生じるのです。

こういう人は、現在の生活の中に良きものや美しきものを見るようにするだけではなくて、将来の生活の中にもそうしたものを見るようにするといいでしょう。未来というのは、現在のあなたのあり方によって決まる、ということを忘れないでください。老眼の人は、自分の価値をもっと認める必要があるでしょう。自分よりも他人を優先させる心の傾向があるからです。老眼の人に対するからだからのメッセージはこうです。「もっと自分の美しさを見て、もっと自分を信じましょう」

乱視は、ごく幼いころから好奇心が非常に強かった人がなりやすいようです。すべてを見て、すべてを知りたいと考えるために、目を使いすぎるのです。からだからのメッセージはこうです。「そんなに急がないで、もっとゆったりと生きましょう。そして、身のまわりのことをじっくりと感じ取って味わうのです」

乱視はまた、自分の素晴らしさ、美しさを見たがらない人がかかりやすいともいえます。

緑内障は、長いあいだ人を許すことができず、恨みをため込んでいる人がかかりやすいように思われます。繊細すぎるので過去に受けた心の傷を忘れることができず、そのために、その傷が視野を侵すのです。遠くのものが見えにくい人は近視の原因を、近くのものが見えにくい人は老眼の原因を参照してください。

白内障は、他人の存在を視野に入れようとせず、すべてを自分の視点だけから見ようとする人に多いようです。自分の方が人よりも優れていると考えているのです。この場合、からだからのメッセージはこうです。「目の覆いを取り去って、あらゆる場所に――自分の内部にも外部にも――美しさを見出すようにしましょう」

誕生してから思春期に至るまでの子どもたちは、顔の部位に多くのトラブルをかかえる、ということにあなたは気づいていましたか？　喉、鼻、耳、目といった器官にトラブルが生じやすいのです。その理由は、実は、そうした器官が〈存在〉に直接関わる器官だからなのです。

子どもたちはとても純粋で感じやすいために、見ること、聞くこと、感じることを通じて、両親が《愛の法則》に反することをした場合には、すぐにそれを見抜きます。そして、そのために非常なダメージを受けるのです。でも、それを言語化できないために、喉のトラブルとしてそれが表われます。もしあなたのお子さんが喉のトラブルをかかえているとしたら、いま私が言ったことをどうかお子さんに伝えてあげてください。まだゆりかごにいる子どもでも、どんなに小さな子どもでも、それを理解することができます。

さらにまた、たとえ両親の言動が彼らを傷つけるようなことがあったとしても、両親は、自分たちに可能なことを精一杯やっており、できる限りのことをして子どもを愛そうとしているのだ、ということを伝える必要があるでしょう。仮に自分のまわりに起こることに同意できないとしても、人生とはそういうものであって、自分のまわりに起こるあらゆることが自分の思い通りになるわけではない、ということもまた教えておく必要があります。

人はそれぞれ、常に自分にできる精一杯のことをしているのであって、みんな一人ひとり違う考え方をしているものなのだ、ということを理解しなければなりません。家庭内に不調和が生じたとしても、だからといって両親が彼らを愛していないわけではないのだ、ということをしっかり教えてあげましょう。家庭の不調和は、両親が、お互いを受け入れることができないということに過ぎないのです。

咽頭炎《いんとう》は、鼻の脱水症状が原因で起こることがあります。家庭内でつらすぎる経験をしたために、感情をブロックしてしまった子どもがかかりやすい病気だといえるでしょう。

多くの子どもたちが、**扁桃腺《へんとうせん》の肥大（アデノイド）**というトラブルに見舞われます。扁桃腺が肥大して鼻による呼吸を阻害しますので、口を通して呼吸せざるをえなくなります。

扁桃腺の肥大にかかる子どもは、通常、大変敏感であるために、家庭内での異変を非常に強く感じ取ります。当事者たちさえまだ気づいていない時点で、無意識のうちにそうした異変を感じ取るのです。

例をあげてみましょう。

両親がまだまったく気づいていない時点で、やがて両親が離婚するだろうと感じ取ってしまう子どもというのがいるのです。そうなると、その子は自分の気持ちをブロックしてしまうでしょう。また、子どもの存在を負担に思っている親の気持ちを敏感に感じ取り、それがあまりにもつらいので、そういう自分の気持ちをブロックしてしまう子どももいます。

こういう子どもたちが、扁桃腺の肥大に見舞われる可能性があるのです。こういう場合、親は自分の気持ちをしっかり点検しなければなりません。

⑦頭頂の部位

この部位には、松果体と関係のある〈王冠のチャクラ〉が存在しています。このチャクラが開くと、神とのつながりが生じ、「私は神」という自覚が生まれます。

頭痛は、ある環境、ある状況、ある人間が、あなたに大きなプレッシャーをかけるときに起こります。そのプレッシャーが不快であるにもかかわらず、さまざまな理由からそれを我慢していると、やがて頭痛が起こるのです。

額のあたりが痛くなるのは、ものごとを理解しようとしすぎる傾向、また遠くを見ようとしすぎる傾向のある人です。知性を濫用する傾向があるといえるでしょう。身のまわりに起こることを、善悪の観念に基づいてあまりにもはっきりと裁きすぎるのです。

また、未来のことをあれこれと思いわずらい、自分が関わっていることに対する答えをあまりにも早く得ようとしすぎます。

頭頂のあたりが痛くなる人は、些細なことで自分を裁いたり、批判したりする傾向があります。何かあるとすぐに自分の〈頭を叩く〉のです。自分が神の表現であることに気づかず、自分をおとしめるようなことばかり考えます。

〈王冠のチャクラ〉は性的エネルギーのセンターである〈聖なるチャクラ〉と直接関係しています。そのために、性的な欲求不満があったり、創造性が充分に発揮できなかったりすると、その結果として頭痛が起こるのです。その場合には、自分の創造力とのコンタクトを取り戻し、自分が他者に利用されていると考えることをやめなければなりません。また、自分を誰か他の人と比較したり、到達すべき理想と比較したりすることをやめた方がいいでしょう。私たちはどんなことでも選択することができます。ですから、本当に自分がやりたいことに向かって、果敢に行動を起こすべきなのです。それこそが、人生を創造するということではないでしょうか。

脳腫瘍は、頑固な人――つまり、古い考え方にしがみついて変化を拒否する人――がかかりやすい病気です。現在、魂が望んでいるのとは正反対の生き方をしている、といっていいでしょう。脳が受け取っている情報が、からだのほかの部位と調和しないために、脳がすごく苦しがっているのです。

神経症や**精神病**にかかっている人は、自分の本来の姿を完全に見失っており、別のアイデンティティを求めて自分自身から逃げ出そうとしています。他の人間になろうとしているか、他の人間であると思い込んでいるかのどちらかでしょう。こういう人たちは、しばしば並はずれた知性を持っており、何かを受け入れるよりも理解しようとする傾向があります。

また、中には、興味本位で霊能力を発達させようとして、さまざまな方法を安易に使った結果、精神に異常をきたしてしまった人たちもいます。

こうした人たちは、自分を罪深い邪悪な存在だと思い込み、深刻な内面の戦いを強《し》いられるでしょう。自分を、神から遠ざかった、恐るべき人間であると見なしてしまうのです。

彼らはもともと非常に信じやすい質《たち》の人たちであり、神に惹かれ、神を信じる必要性を感じていたのです。しかし、一方で、サタンや罪にも惹かれ、そのために内面が混乱し、分裂して非常に苦しんでいるのです。

サタンは神が創ったものではありません。私たち人間が創り出したものなのです。私たちが、自分に痛みを与え、自分を断罪し、自分を責めて神から遠ざかったときに、サタンが私たちの心の中で活動を開始するのです。しかし、サタンとは実体ではなく、また永続性を持つ存在でもありません。影のような存在でしかないのです。

罪や悪を信じると、神から切り離されてしまいます。そしてそのような分離が生じると、私たちは自分を孤立した存在だと思い込んで不安にさいなまれ、いつも攻撃されていると感じますので、過度に自己防衛的になります。そして、自分を守るために、物質的なものに過度に依存するようになるか、物質的なものは悪の根源であると見なして、それらから完全に自分を切り離すようになるか、どちらかのやり方を選ぶことになるでしょう。

精神の病にかかった人たちがそこからなかなか抜け出せないのは、そこから抜け出すための道具それ自体がうまく機能していないからです。彼らは、下位の〈尾骨のチャクラ〉と〈聖なるチャクラ〉を完全に閉じてしまっており、上位のチャクラでしか生きていません。したがって、恐れや怒りといったネガティブな感情に直面すると、簡単に動転してしまうのです。エネルギー体の足腰を奪われているのと同じだからです。

そうした人々を救うために、私が現在までに開発した技法は、次のようなものです。

①ジュース、清涼飲料水、パスタ、パン、ビスケット、ケーキ、アルコールといった、糖分を含む食べ物をできるだけ取らないようにする。

②表面的な知識を与えるだけの本は読まないようにし、怪しげなセミナー等には出ないようにする。
③他人が自分の人生を支配していると考えるのをやめる。他人に依存することをやめる。
④大自然の中でからだを動かしたり、ガーデニングをしたり、運動したりして、からだを動かし、下部のチャクラを活性化させて自分の感情とのコンタクトを取り戻す。

こうしてバランスを取り戻さなければなりません。彼らは、多くの、本当に多くの愛を必要としています。彼らの内面の美しさを思い出させ、神聖な源とのつながりを取り戻させて、たっぷりの愛で包み込んであげる必要があるでしょう。世界から引きこもれば神に近づけると思い込んでいますので、本当はそうではないということ、神はあらゆる存在の中に見出せる、ということを教えてあげなければなりません。

精神の病にかかった人たちは、人生を放棄しており、自分が完全に無力だと思い込んでいますので、誰かに依存せずには生きていけなくなっています。その結果、自分のまわりにいる人たちに完全に依存するようになるのです。

髪の毛のトラブルについて。私たちの髪は、私たちと宇宙エネルギーを結びつけるアンテナの役目を果たしています。私たちが聖なる力とコンタクトする力を失い、人生の物質的なことばかり心配するようになると、私たちは髪の毛を失う場合があります。無力感と絶望感にさいなまれた結果、髪の毛をなくしてしまうのです。「髪の毛を失うほど心配する」というフランス語の表現が、そうした人たちにはぴったりだといえるでしょう。

それは、自分が何者であるのかをすっかり忘れ、自分の所有物で自分の価値を証明しようとした結果です。物をたくさん持てば持つほど、自分は価値ある人間になれる、と考えたのです。からだからのメッセージはこうです。「あなたは、いまや、そのあまりにも物質的な、間違った考え方を改めるべき時期に来ていますよ」

特定の部位に限定されない病気や不調

ここで扱う病気や不調は、からだの特定の部位やチャクラには対応していません。

うつ病は、非常に霊的な資質を持っている人がなりやすい病気です。自分の身のまわりに起こっていることをすべて〈受信〉してしまい、その結果、身がもたなくなって勝負を放棄してしまうのです。生きる意欲を失い、自己無価値感にさいなまれます。

特に、誰かとの別れがあったとき、あるいは誰かとの別れが予想されるときにかかりやすいといえるでしょう。判断力が完全に麻痺《まひ》してしまい、自分の価値がまったく感じられなくなります。その結果、うつ状態の中に逃げ込んで、人生に直面しなくてすむようにするのです。

また、自分の中に新しいことを迎え入れる空間を作るために、何かを「殺す」必要があるにもかかわらず、その「死」に対して抵抗する場合にも、うつ病にかかることがあるでしょう。うつ病を克服するためには、自分の価値を発見しなおし、内なる神とのコンタクトを取り戻さなければなりません。そして、そのためには自分を愛するということがどうしても必要なのです。

生命の炎をふたたび取り戻すには、人からもらいたい、与えられたい、奪いたいと思うことをきっぱりとやめ、自分から進んで与えることを始めなければなりません。奪う生き方をやめ、与える生き方を開始するのです。

ガンは、誰かに対して――特に親に対して――憎しみを持っている人がかかりやすい病気です。とても感じやすく、とても愛情深い人が、愛する人から失望させられた場合にかかりやすいのです。愛が憎しみに変化した結果だといえるでしょう。もともと愛情深く、寛大だったので、自分が憎しみをもったことがとうてい受け入れられず、その憎しみを心の奥深くに抑圧してしまったのです。したがって、自分が憎しみを持っているということすら分からないために、その憎しみに直面することができません。しかし、この憎しみは心の奥深くで大きな場所を占領しているので、やがて肉体の細胞自体が増殖してその人のからだを占領し始めます。こうして、心のガンが肉体のガンになっていくわけです。

例をあげてみましょう。ここにいま一人の少女がいるとします。この子のお父さんはいつも留守がちで、しかも彼女がまだ幼いときに死んでしまいました。その結果、この子は、お母さんが大変な苦労をするのを目《ま》の当たりにします。すると、この子は、本当は父親を愛していたにもかかわらず、こんなに早く自分たちを残して死んでしまった父親に対して憎しみを持ち始めるのです。こうして感情の混乱に見舞われた少女は、やがてガンに見舞われることになるでしょう。

ガンにかかった人は、しばしば神を恨むものです。自分がガンにかかったことを不当だと感じ、そうした状況を受け入れることができません。でも、ガンにかかったのは神のせいではなく、その人が自分の憎しみを心の奥深くに抑圧したからなのです。

ここで、ガンにかかる人の典型的なイメージを描いてみましょう。この人はとても優しいので、すごく評判が良く、みんなから尊敬されています。時には、みんなのために戦うことさえ辞しません。表面的には、すべてがうまくいっているように見えるでしょう。しかし、心の底では、自分が犠牲者になっている、みんなに利用されていると感じているのです。そして、そう感じている責任が自分自身にあることを自覚していません。こうして、心の底に、執拗な恨みと憎しみをため込み、その恨みと憎しみによって身をさいなまれるようになるのです。

ここでくり返し言っておきますが、ガンにかかる人はもともと非常に愛情深い人なのです。ただ、その愛情が、所有欲にもとづいており、すぐ恨みに転化しやすいのです。とても熱い思いを持つのですが、その思いが内向化しやすいともいえるでしょう。その恨みの原因を発見して、それを癒すためには、からだのどの部位がガンになったかに注目すればいいのです。

拒食症と**過食症**は、人生を完全に否定している人が見舞われる症状です。このうちの一方、あるいは両方に見舞われている人は、地上で生きることを受け入れておらず、自分のからだを完全に拒絶しています。いつもあの世に行きたいと思っているので、簡単に低位霊界とのコンタクトが生じてしまうのです。

拒食症の人は食物をいっさい受け付けませんが、これは、その人が母親を憎んでいるために、あるいは母親の愛し方を受け入れることができないために、母親を拒絶している、ということを示しています。

一方、過食症の人は口に入るものなら何でも食べてしまいますが、それは、母親をむさぼりつくすことによって母親を無力にしようとしているからです。

拒食症の人も過食症の人も、転生するにあたって現在の自分の母親を自分で選んだということ、自分にはこの地上で果たすべき目的があるということを受け入れる必要があるでしょう。他のあらゆる人たちと同様に、自分のからだを大切にし、からだの声を聞き、あらゆるところに美を見出し、他者を愛し、自分を愛することを学ばなくてはなりません。また、しっかりと運動し、母なる大地によってはぐくまれるようにする必要があるでしょう。

かゆみは現状に満足できない人が見舞われる皮膚のトラブルです。現状に満足できず、いつも何か新しいことをやらなければ、とじりじりしているためにかゆみに襲われるのです。そうして、新しいことをやっては激しく後悔するのです。こういう人へのからだからのメッセージはこうです。「未来のことばかり気にせずに、今という瞬間を完全に生きましょう」

乾燥肌は、自分や他人に対して、優しくない、つまり「乾いた」態度を取る人に見られる症状です。なぜそうするかというと、自分の傷つきやすさを隠すためなのです。それは、一種のコントロールであり、自分自身ではなくなるということです。この場合、からだからのメッセージはこうです。「どうか自分自身を受け入れて、ありのままに生きてください。傷つきやすさや感じやすさを隠す必要はありません」

骨は、からだを支える柱であり、権威の象徴です。骨のトラブルは、したがって、権威に対するその人の反応を映し出すものです。私たちは誰かの権威を恐れる必要はありません。私たち自身が権威だからです。自分にこそ権威があることを認めましょう。

何かの事故で骨折した場合は、心の中に罪悪感が潜んでいることを表わしています。この場合、からだからのメッセージはこうです。「いわれのない罪悪感を持って自分を罰するのは、もうやめましょう」

アレルギーは、誰かに対して強い敵意を持っている人がかかりやすい病気です。自分の力を放棄してしまった結果、他者の力に支配されるようになってしまった人たちがかかるのです。こういう人たちは、他人からの影響を受けて、感情を害しやすいものです。

彼らは、自分にふさわしい人生を創造したいのであれば、自分自身の力とのコンタクトを取り戻さなければなりません。

食べものに対するアレルギーがある人は、新しい経験を受け入れることがなかなかできません。人生が自分に良いものをもたらしてくれる、ということが信じられないのです。だから、自分が好きな食べものに対してアレルギーになり、それを食べることができなくなってしまうのです。

ほこりやダニなどに対してアレルギーがある人は、他人の攻撃性を受け入れることができません。そして、ほこりというのは、外部にある攻撃性の象徴なのです。こういう人は、次のことを理解する必要があるでしょう。すなわち、ある人が攻撃的になるのは、心の中に恐れを隠し持っているからである、ということです。

アレルギーになった場合、それ以前の二四時間のあいだに起こったことを点検するようにしてみてください。どの人に対して、あるいはどんなことに対して、反感を持ったのかを振り返ってみましょう。ほとんどの場合、自分が依存している人に対して拒絶感を持ったはずです。アレルギーとは、「何かまたは誰かに依存するのをやめましょう」、というからだからのメッセージなのです。

熱が出るのは、心の中に怒りをため込んでいる証拠です。心にため込んだ怒りのせいで、からだが燃えてしまうのです。からだは、そのようにしてため込まれた怒りを解放し、ふたたびバランスと調和を取り戻そうとするのです。熱が下がったら、自分がどうしてそんなに怒ったのかという原因を探る必要があるでしょう。そして、それ以降は、怒りを心の中にため込まないで、少しずつ表現することができるように自分を訓練する必要があります。また、一方で、自分を肯定することも大切です。

炎症は何らかの原因で、からだの組織が変化した状態です。炎症には必ず熱がともないますので、からだからのメッセージは次のようになります。「怒りを抑圧していらだつのではなく、怒りを受け入れて感じ取るようにしましょう。あなたをいらだたせているのは何ですか？　それを見つめてみましょう。もしいらだちの原因が他者にあると思われるのなら、それをきっかけにして自分を見つめなおしてください（第二章の《鏡の法則》を参考にするといいでしょう）。そろそろ自分を批判するのをやめて、自分をたくさんほめてあげるようにしてください」

アルツハイマーは、これ以上責任を引き受けるのをやめるためにかかる病気です。したがって、これは、幼い頃から家族の責任を背負わされてきた長女や長男がかかりやすい病気なのです。この病気にかかることによって、ようやく他者から面倒を見てもらえるようになったのです。この病気にかかった人への、からだからのメッセージはこうです。「あなたは責任を取り続けるのをやめてもいいのですよ。そして、そのことをまわりの人たちに宣言しましょう。何も病気になる必要などないのです」

この病気はまた、非常に活発な左脳的知性を持っていて、それを自分の思い通りにコントロールしようとした人がかかることも多いようです。左脳的知性というのは、過去の記憶の集積ですから、私たち人間がそれを自由にコントロールすることはできません。そこで、左脳的知性をコントロールする必要をなくす方法の一つとして記憶を失ってしまうのです。

関節のトラブルは、その人が、人生の方向を変えるのをためらっていることを示しています。その場合、からだからのメッセージはこうです。「もっと柔軟になって、現在起こっていることを素直に受け入れてください。人生はいつも私たちの面倒を見てくれているのです。ですから、人生を信頼して、もっとうきうきと新しい方向に進みましょう。どんなことが起こっても、必ず解決方法はあります。というのも、人生に〈失敗〉は決してないからです。ただ新たな〈経験〉があるだけなのです。その経験を通じて新たなことを学び続けることが、生きるということなのですよ」

痛風は、非常に支配的な性格を持った人に多く見られます。また、人生の目的を持たないために未来に対する希望を失い、絶望にとらわれ、人生を歩む勇気を失ってしまった人がかかる場合もあるでしょう。ほぼ半数のケースにおいて、足の親指に痛風が見られます。しかも男性がほとんどです。特に、未来を支配しようとしていらだっている場合が多いといえるでしょう。

痛風にかかった人は、未来のことに関してあれこれ思いわずらうことをやめ、自分に対しても、他人に対しても、おだやかに接するようにするとよいでしょう。生きるためには働かなければならない、と考えるのではなく、自分に喜びをもたらしてくれるような人生の目的を設定する必要があるでしょう。

めまいは、私たちが、何かを直視したくないと思っている時、あるいは状況から逃げ出したいと思っている時に私たちを襲います。そういう場合、自分は完全に守られているのだということを思い出して、喜びを取り戻す必要があるでしょう。また、めまいに襲われているときは、低血糖になっている可能性が高い、ということも知っておいてください。

不眠症は、左脳的知性を使いすぎる人がおちいりやすい症状です。なぜ左脳的知性を使いすぎるかといえば、すべての存在を支えている宇宙を信頼することができないからです。そして、その結果、恐れと罪悪感にさいなまれることになるのです。

また、神経質なためにあれこれと心配しすぎ、自分の考えを統御できなくなってしまって不眠症になるというケースも存在します。そういう人は、あれこれと思い悩むことをやめて、勇気をもって行動を開始すべきでしょう。

神経痛は、罪悪感ゆえに自己処罰を行なおうとする傾向のある人に多く見られるようです。また、コミュニケーションがうまく取れず、そのために不安になる人もかかりやすいといえるでしょう。

動脈に関するトラブルは、すべて、生きる喜びの欠如が原因で起こります。というのも、血液は喜びを象徴しており、動脈はその血液をからだじゅうに運ぶ役目を果たしているからです。喜びというのは、時々ではなく、常にからだじゅうをめぐる必要があるのです。

リューマチは、自分が〈犠牲者〉だと思いこんでいる人に多く見られるようです。人から何かを頼まれると、本当は断りたい場合でも、断ることができません。こういう人は、自分が愛されていないと感じており、人から愛されるためならどんなことでもしてしまうでしょう。そして、そのことに失敗すると、苦悩や深い恨みにとらわれるのです。

腫瘍や**ポリープ**は、過去のことが原因で苦しんでいる人、愛に関わるショッキングな出来事のために悩んでいる人、過去のことをあれこれと悔やんでいる人などがかかりやすいといえるでしょう。からだからのメッセージはこうです。「過去は手放して、自分の思いを表現し、愛情をはぐくむようにしましょう」

貧血にかかっている人は、生きる喜びを失い、積極的に生きる意欲がなくなっています。人生においてさまざまな経験を積もうという気持ちがなくなっているのです。

血液は、喜びを象徴しますが、貧血の人は、その血液が足りないわけです。したがって、そういう人は、自分の家族、親しい人たち、仕事などを見直し、そこに生きる喜びを発見しなければなりません。

私たち人間の一人ひとりが、地球という大きな生命体の細胞の一つひとつだといっていいでしょう。したがって、地球が健康であるためには、細胞の一つひとつである私たちが健康でなければならないのです。

はしか、水ぼうそう、おたふく風邪、百日咳といった熱の出る小児病は、すべて、その子が怒りを押し殺していることを示しています。それらの病気のほとんどが、目、鼻、耳、喉、肌に関わるものです。

子どものからだは、子ども自身にこう言っています。「この地上では、自分の見たこと、聞いたこと、感じたことによってあまり影響されないようにしなければなりません。大人たちの生き方に同意できないにしても、彼らが恐れと苦しみの中で生きていることは認めてあげましょう。あなたの怒りを表現しても、愛されなくなることは決してありませんから、安心して表現していいのですよ」

さて、何かの病気になった場合には、必ず次のように自問してみてください。「この病気になることによって、私は何が言えなくなっただろうか？　また、何ができなくなっただろうか？」

この章では、最後に次のことを申し上げておきたいと思います。すなわち、あなたは、健康を取り戻すために、薬や、治療や、お祈りを必要としているわけではありません。ただ、次のことを知るだけでいいのです。

私は健康です。なぜならば、神から与えられた完全な〈生命《いのち》〉は、老いることも、病気になることもありえないからです。私が〈神の現われ〉である以上、あらゆる面において健康であることが当然なのです。生命《いのち》は常に完全であり、私が《生命《いのち》の法則》をどれだけ受け入れ、知っているかに応じて、私の中を流れるのです。私が病気になったり、不調を感じたりするのは、この生命《いのち》の流れを、愛に反する私の思い、言葉、行動によってブロックしているからなのです。

あなたの中に、神の完全な健康と調和を取り戻すために、次のアファメーションを使ってみてください。一日のうち、いつ使ってくださっても結構ですが、特に、あなたが、からだからのメッセージを読み解くことができないときに使うといいでしょう

私のからだは、〈神の完全な現われ〉です。
ですから、私は、細胞の一つひとつに現われている

神の絶対的な完璧さを知るために、心とからだを完全に開きます。

このアファメーションを言いながら、まず、ハートのあたりに光を思い描いてください。その光は、小さな太陽のように燦然《さんぜん》と輝いています。その太陽がだんだん大きくなり、その光が、あなたのからだのすべての部位、すべての細胞に浸透していきます。やがて、あなたのからだ全体が光そのものとなります。先ほどのアファメーションをくり返しながら、少なくとも一分のあいだ、この美しいビジョンを持ち続けましょう。

次にイエスが私たちに教えてくれたアファメーションを二つあげておきます。恐れ、苦悩、疑い、不安などに由来するあらゆる不調から、あなたをただちに解放してくれる、まことに強力なアファメーションです。確信を持って、何度も何度もくり返してください。

私は復活であり、そして生命《いのち》です。

あなたは自分の思いによって自分の人生を作り上げている、ということを認めたうえで、このアファメーションを言いましょう。〈復活〉とは、死から生に戻ることです。毎秒毎秒、何百万という新しい細胞が生まれているのです。こうして生命は絶えず新生しているのです。あなたを絶えず再創造し続けているこの偉大な力に気づきましょう。

二つ目のアファメーションは「主への祈り」です。この祈りも、あっという間に奇跡的な効果をもたらします。これは、イエスが私たちに残してくれた唯一の祈りなのです。父なる神を思うときは、ものすごく忙しそうな老人を思い浮かべてはなりません。もし、神がそんな老人だったら、あなたの願いを聞き届けないこともありうるからです。

祈る時は、むしろ、あなたの〈内なる神〉――あなたが信仰とともに祈った時に、必ずすべてをかなえてくれるあなたの内なる神――に思いを馳せましょう。

あなたが、「天にまします」という時は、あなたの心の中にある天国にいらっしゃる神――あなたの最も崇高な部分――に対して祈っているのです。

その時、あなたの頭上に燦然と輝いている、太陽のようなオーラを思い浮かべてください。「天にまします我らが父よ」と言う時、このオーラと完全に融合する自分を心にはっきりと思い描きましょう。

天にまします我らが父よ。
願わくは御名《みな》をあがめさせたまえ。

御国《みくに》を来たらせたまえ。
御心《みこころ》の天に成るごとく地にもなさせたまえ。
我らの日用の糧《かて》を今日も与えたまえ。
我らに罪を犯す者を我らが赦《ゆる》すごとく、我らの罪をも赦したまえ。
我らを試みに遭《あ》わせず、悪より救いたまえ。
国と力と栄えとは限りなく汝《なんじ》のものなればなり。
アーメン

今日が地上における最後の日だと思って、一日をしっかりと生きましょう。

第一二章　あなたは〈光〉です

私たち人間は、一人ひとりが〈光〉から作られています。現在のところ、〈光のからだ〉を見ることのできる人は、ほんのわずかしかいませんが、それでもそれが事実であることには変わりありません。

あらゆる人間にとっての基本的な欲求は、より完成された存在になること、つまり、より〈光〉に近い存在になることなのです。そして、それこそがイエスが教えようとしたことですし、またそれが実際可能であることを彼は証明して見せたのです。イエスは、三人の弟子の前で〈変容〉して見せました。すなわち〈光〉になったのです。同様に、昇天の時も〈光〉になりました。何百人もの人たちが、イエスのからだが、天上界に上昇して行く前に〈光〉に変化するのを目撃したのです。

現在、私たちは三次元に生きています。今ちょうど水瓶座（アクエリアス）の時代が始まったところであり、この時代はこれから二千年にわたって続いていきます。そして、その二千年のあいだに地球は三次元から四次元に入っていくことになるでしょう。

このプロセスはすでに開始されています。だからこそ、これだけ多くの人たちが、スピリチュアルな教え、セミナー、ワークショップ、講演会などに惹かれているのです。スピリチュアルなことに関してもっと多くのことを知りたがっているのです。

私たちは、どれほど物質的に恵まれたとしても、まだ大切な何かが不足している、ということを心の奥底で知っています。その気持ちが多くの人たちに共有されることによって、徐々にこの地球上に大きな〈意識革命〉が起こってゆくでしょう。

すでにあなたもご存知のように、あらゆる生き物は成長を目指しています。そして、成長するためには変化しなければなりません。地球は今その大きな変化の時期に差しかかっているのですが、そのことは何千年も前から、聖書やその他の聖典の中であらゆる預言者が予告していることです。この大変化によって古い世界が崩壊し、そして新しい世界が始まるのです。二〇世紀の終わりに起こると言われていた世界の終末は、実はそのことを指していたということを知らねばなりません。

私たちは全員が光を発するように要請されているのです。いずれ私たちは〈光のからだ〉を自由に使いこなして、宇宙に存在している別次元の存在ともコンタクトできるようになるでしょう。自分の意思で自分のからだのバイブレーション（波動）を調整し、別の次元の周波数に同調させることによって、ちょうどイエスが行なったように、火の中を歩いたり、水の上を歩いたりすることだってできるようになるでしょう。

そうなれば、病気とも無縁になります。そうした変化は今後、数世紀以内に確実に起こるはずです。すでに、何千人もの人たちが、自分の〈光のからだ〉とコンタクトし始めています。

では、どのようにすれば、内なる光を輝かせることが可能となるのでしょうか？　それはいたって簡単です。あなたの生活を、美、光、愛で満たせばよいのです。そうすれば、あなたは自動的に内なる光を意識し始めるでしょう。実際、光と愛は同じものなのです。

この地上においては、愛の思いを発することによって、光をほとばしらせることが可能となるのです。その光を自覚的に発散すればするほど、私たちは過去世において集積してきたカルマから解放され、ますます幸福になっていきます。

それでは、ここで、カルマについてもう一度説明しておきましょう。というのも、多くの人がカルマのことをきちんと理解していないからです。

カルマとは、私たちの人生が、過去世において行なった行為の総体によって決められる、という考え方です。人類の一人ひとりに自動的に適用されるプロセスなのです。私たちは、完全に進化するまで、何度でも地上に生まれ変わってきては修行するのです。

魂は、過去世で行なった行為を、良いものも悪いものも含め、波動として身に帯びて地上に降りてきます。そして、たとえば、他人に経験させたことを、自分もまた経験することになるのです。私たちの波動がさまざまな状況を引き寄せ、その状況を通して私たちは他者に経験させたことを自分も経験し、気づきを通してさらに意識を拡大してゆくのです。こうして、過去世において背負い込んだ重荷から徐々に解放されてゆくわけです。そうした重荷は、私たちが、ある人生において、ある時になした自分に役立たない行為――つまり、《愛の法則》に反するような行為――に由来しています。

ここで具体的な例をあげて考えてみましょう。たとえば、あなたは、自分を充分愛してくれなかったということで両親を大いに恨んでいたとしましょう。ところが、あるとき、何かのきっかけで、実は両親はできる限りのことをあなたに対してしてくれていたのだということ、自分が彼らを恨んできたのは間違いだったということに気づきます。そして、心を開き、両親に対する愛の思いに満たされるようになります。すると、自動的に、新たな光があなたを包み込みます。もし、単に愛の思いに満たされただけではなくて、言葉によってその思いを表現したとすれば、あなたの光はますます大きなものとなるでしょう。あなたの愛の思いを行動によってあらわすことができれば、あなたの光はさらにいっそう大きなものとなるからです。

《カルマの法則》があるからこそ、実は、私たち一人ひとりは光へと還《かえ》ることができるのです。私たちが過去世において行なった愛の行為は、光として集積されて私たちを包み込んでいます。

あなたが過去世において光を集積していればいるほど、あなたはよりよく守られることになり、どんな状況におかれたとしても安心して前に進めるのです。

光を集積するもう一つの方法は、光そのものである神とのコンタクトを絶えず取り続けることです。あなたに起こるすべてのこと、あなたが見るすべてのもの、あなたが聞くすべてのこと、あなたが感じるすべてのことが、宇宙を満たしている神聖な神のエネルギーとあなたが接触するための機会となりうるのです。

日々の瞑想も、また、あなたが内なる光とコンタクトするためのよい機会となるでしょう。あなたが思考を停止して、静寂にひたることができるなら、どんな瞑想であっても効果があると思います。

イメージを心にありありと思い描くこと（ビジュアライゼーション）も、良い方法だといえるでしょう。あなたの心を美しい光が満たしているところをありありと思い描いてみてください。次に、その光があなたのからだの外に出て、あなた自身を包み込むところを思い描きましょう。朝起きた時に、ぜひこのエクササイズを行なってみてください。きっと、今までとは違った一日になるにちがいありません。

一日じゅうその光に包み込まれていると感じてください。どこかある場所に行ったら、あなたのからだから発散されている光が、その場所を明るく満たすところをイメージしてみましょう。

また、あなたが会う人たち全員を、その光で包み込むようにするのです。さあ、さっそくやってみましょう。お金はいっさいかかりません。

宇宙には無限の光が存在しています。その光の存在に気づき、コンタクトするだけでいいのです。もしあなたが数カ月のあいだ、持続的に以上のエクササイズを行なったとすれば、あなたの人生には必ず大きな変化が現われることでしょう。あなたがその光と一体化すればするほど、あなたは太陽のような存在となり、あなたから発散される光が、あなたのまわりのすべてを照らし、暖めることになるのです。

しかし、時には、あなたも暗い思いにとらわれることがあるでしょう。そんな時には、「私の光はいったいどうなってしまったのだろう」と思うかもしれません。でも、それはとても自然なことなのです。あなたが現在心の浄化をしている以上、当然起こってくるはずのことだからです。《リズムの法則》があらわれているのです。つまり、夜明けの前がいちばん暗くなる、ということです。光がほとばしる前に、困難な時期、暗い時期を必ず経る必要があるのです。また、別な言い方をするならば、高くジャンプするためには、すごく低く身をかがめなければならない、ということでもあります。どうしてこれほど困難なことが起こるのか、と思うかもしれませんが、それは以上のことから説明ができるでしょう。すなわち、あなたがいま高く飛び上がろうとしているからこそ、困難な出来事が起こってくるのです。どうか、勇気をなくさないで前進し続けてください。

あなたは内なる光に出会う過程で、現在、さまざまなテストを受けているのです。自分の願いが本物なのか、本当にその方向に進もうとしているのか、ということを試されていると言っていいでしょう。あなたがくじけずに道を歩み続ける時、ちょうど学校におけるのと同じことが起ります。すなわち、あなたは〈進級〉するのです。そして、一度合格してしまえば、もう二度と同じテストを受けることはありません。

私たちは、人生をあまりにも深刻に考えすぎているようです。でも、実際には、人生とは一種のゲームに他なりません。人類にとっての最大の問題は、人生がゲームであるにもかかわらず、前もってそのゲームの規則を知ることなしにゲームを行なっている、という点でしょう。

イエスは二千年前に、私たちにその規則を教えようとしました。しかし、私たちはいまだにその規則を学んでいません。ですから、当然のことながら、規則を使うことができないのです。私たちのモデルであるイエスはこう言わなかったでしょうか?

「私は世の光である」

イエスの役割は、「神が愛である」ことを私たちに教えることだったのです。

私たちが内なる光を顕《あらわ》したいのであれば、愛を表現しさえすればいいのです。私たちは、愛の中にひたされており、愛は私たちを満たしています。そのことに気づきさえすればいいだけなのです。自分の内にすでに宿っている愛をほとばしらせるだけでいいのです。

そのためには、まず自分を愛し、自分をほめ、自分が毎日出会う美しい出来事に気づかなければなりません。あなたの内側から湧いてきて、あなたの人生を形づくっているその美しい創造エネルギーに感謝できるようになれば、あなたの人生は完全に変化するでしょう。あなたの毎日を満たしている何百もの美しい出来事に比べれば、あなたにとって不愉快と思われる出来事などまったく取るに足りない、ということが分かるはずです。

現在に至るまで、人類は、あまりにもネガティブなことに関わりすぎてきました。私たちは、あらゆる人、あらゆることを、責め、裁き、断罪してきたのです。私たちが、他の人を責め、裁き、断罪するたびに、私たちはこう言っていることになります。「私は神。でもあなたは神ではない」自分だけが世界の中心だと思っているのです。

しかし、他人を責め、裁き、断罪する前に、まず自分自身をかえりみなくてはなりません。自分の心を見つめ、まず自分を改善する必要があるのです。あなたが自分の言葉や態度を反省し、それらを変えれば、あなたは自分の魂の質を高めて光の量を増やすことになります。そうすれば、あなたの人生のあらゆる条件が変化して、あなたの人生はまったく違ったものとなるでしょう。まわりの人たちが全員変化したと感じるはずです。でも、本当はあなたの心に大きな変化が生じただけなのです。

自分を成長させ、光をほとばしらせたいのであれば、必ずそうしようと〈決意〉することが大切です。あなたは、まわりの人や状況が、あなたの飛躍を邪魔しようとしていると感じているかもしれません。しかし、実際には、誰も、何事も、あなたをあなたの道からそれさせることはできないのです。あなたが自分の力を誰かに、または何かに譲り渡したときにだけ、あなたは自分の道からそれていくのです。

残念なのは、私たちが、しばしば愛の名のもとに、自分の力を誰かに譲り渡してしまうことです。私たちは、他の人と同じ方向に進まないと、拒絶されるのではないか、愛されなくなるのではないか、と不安になるものです。そして、この不安があるために、私たちは愛する人に支配されてしまうのです。

他の人があなたの進路を変えさせようとする場合、それは何よりもあなた自身が自分の進路に確信を持っていないからなのです。あなたの心から自分に対する疑いが発散されているために、その波動があなたの進路に反対する人を引き付けているだけなのです。自分に対するあなたの疑いは、「私はこれで良いのだろうか？　方向はこれで良いのだろうか？」という波動となって発信されますので、自動的に、あなたの進路の上に、「あなたはそれで良いのですか？　あなたの進路はそれで良いのですか？」と問い詰める人を引き寄せることになるのです。

あなたの人生を決められるのはあなただけです。自分の心をよく見つめ、充分時間をかけてよく考え、自分が本当にやりたいことを決めましょう。そうすることによって、初めて、あなたの左脳的知性があなたの貴重な協力者になってくれるのです。これまでの自分の生き方を振り返って、それをこれから選ぼうとしている新しい生き方と比べてみてください。

以前のあなたは、現在のあなたよりも幸福でしたか？　以前のあなたは、現在のあなたよりも居心地がよかったですか？　以前のあなたは、現在のあなたよりも健康でしたか？　あなたは今よりももっと愛にあふれていましたか？　内なる光にコンタクトするためにより良い道を選ぶのは、あなた自身にほかなりません。あなた以外には誰もそれを選ぶことができないのです。答えはすでにあなたの中にあるのです！

あなたがどんな出来事に遭遇するかは問題ではありません。あなたがその出来事にどんなふうに反応するかが問題なのです。

あなたを光り輝かせることができるのは、あなた自身だけなのです。それはあなた以外の誰にもできません。あなたの生き方を選択できるのはあなただけなのです。

あなたの光は、まさにあなたが日常的に使っている電球のようなものです。フィラメントの状態は大丈夫ですか？　電源にはつながっていますか？　もしこの二つの要素が大丈夫であれば、ランプの色が何色であれ、形がどんなであれ、大きさがどんなであれ、ランプには光がともるでしょう。それが過去においてどんなことに使われてきたとしても、現在、ちゃんとした状態にあり、電源につながっているならば、自動的に明かりがともるはずです。

とはいえ、あなたの光はその力強さにおいて、とうていランプの比ではありません。あなたの〈物質体〉、〈感情体〉、〈精神体〉が調和しており、しかもあなたが内なる力――つまり神――につながれば、あなたの光ははるか遠くまでほとばしります。その光はあなた自身を照らすだけではなくて、あなたのまわりにいる人々をも照らすのです。あなたは常にその光に照らされるので、世界を常にクリアに見ることができるようになるでしょう。

しかも、私たちは、その光を作り出す必要がありません。なぜなら、それは**すでに**私たちの中にあるからです。**私たちは全員がもともと光なのです。**そのことに目覚めさえすればいいだけなのです。さあ、その光とコンタクトを取り、その光をほとばしらせましょう！

「私はこれから光とつながって、光を内側に導きいれよう」と言う人たちがいますが、こういう人たちは、光が外からやって来ると考えているのです。

私たちは、よく、「地球のエネルギーとつながる」あるいは「宇宙のエネルギーとつながる」という言い方をしますが、それは、地球や宇宙からエネルギーをもらう、ということではありません。そうではなくて、「自分の内なる光に気づき、その光を、地球のエネルギーや宇宙のエネルギーと共振させる」ということなのです。つまり、それは、〈ワンネス〉（すべてはつながっていて一つであるという認識）に至るための、もう一つの手段にほかならないのです。この〈ワンネス〉に至った時、私たち人間は何でもできるようになります。あらゆることが可能になるのです。できないことがなくなるのです。

「早く豊かさを獲得したい」と願っている人たちにも同じことがいえます。その人たちは、本当は、豊かさを獲得する必要などないのです。なぜなら、豊かさはすでにあるからです。それはすでにあなたの中にあるのです。**あなたは豊かさそのものなのです。**あなたは、自分の中にある豊かさにコンタクトすればいいだけなのです。

ただ、残念なことに、私たちは、自分の考え方一つで、そのコンタクトを失ってしまうことがあります。部屋の電灯のスイッチを切ってしまうのと同じことです。スイッチを切れば電灯が消えますが、それは電気がなくなったということではありません。電気は常に存在しているのです。スイッチを入れさえすればいいのです。スイッチを入れさせすれば、いつでも明かりはつくでしょう。

同じことが太陽に関してもいえます。部屋のカーテンを開けるから、太陽が輝き出すのではありません。太陽はいつも輝いているのです。私たちが太陽を空に昇らせるのではありません。太陽はすでに空にあります。

豊かさに関しても同じです。私たちが、自分の人生に豊かさを呼び込むのではありません。豊かさはすでにあるのです。私たちはそのことに気づきさえすればいいだけなのです。太陽や電気がすでにそこにあるように、豊かさもすでにそこにあるのです。

さらに、健康に関してもまったく同じことがいえるでしょう。**あなたはまさに健康それ自体なのです。**健康がないと思っているのは、光がないと思っていることとまったく同じです。**あなたは健康を失うことはできません。**健康は人間の本来の状態だからです。

多くの人が、神に向かって、導いてください、光をください、癒してください、豊かさを与えてください、と祈ります。そんなふうに祈るように教えられてきたからです。でも、それは、私たちが〈源泉〉から切り離されている、ということを証明しているにすぎません。

あなたのうちに、神が、つまり源泉が存在していることを自覚しさえすればいいのです。そうすれば、神はあなたを通して表現されます。ですから、神に向かって、「助けてください」と頼むのではなくて、あなたの内に光である神が宿っていることに気づけばいいだけなのです。その〈内なる神〉にコンタクトしさえすれば、あなた自身が神の表現となるでしょう。

どうかこの〈ワンネス〉の意識を持ってください。そして、あなたの外部に答えを探したり、お願いをしたりするのではなく、あなたの内にすでにある神聖な力にコンタクトしてください。あなた自身の光とコンタクトできるようになるための方法を探しましょう。ただし、最も大切なのは、あなたの〈感性〉を使って神とコンタクトすることです。見るものすべてを美しいと思えるのであれば、あなたはますます自分が光り輝くのを感じることでしょう。そして、あなたのまわりの人々もますます光り輝いて見えることでしょう。

誰かの言葉を聞くときは、そこに、美と愛だけを感じ取るようにしてください。人々の良い感情だけを感じ取るようにしてください。そして、何かに触れる時は、それが、人であれ、動物であれ、木であれ、花であれ、車であれ、必ず愛の思いで触れるようにしましょう。自分はいま神に触れているのだと思ってください。あなたがこの物質界で所有しているものはすべて、あなたを絶えず神の方に――つまりあなたの神聖な創造力の方に――連れてゆくのです。

何かを食べる時は、光と接触し、光によって養われているのだと思ってください。

また、言葉を発する時は、その言葉に充分注意してください。あなたの言葉は、あなた自身も含めたあらゆる人々に価値を与えます。口を開いて言葉を発する前に、その言葉が、あなたの価値、そして他の人の価値を高めるものであるかどうかを確かめましょう。言葉を発する時は、必ず、あなたのまわりに存在している美しさをたたえるようにしましょう。

私たちは霊的な世界に取り囲まれて生きています。ですから、まわりにあるあらゆるものが私たちに神のことを思い出させてくれます。そのことが分かると、私たちの人生が変容し始めるでしょう。その時、私たちは人生に勝利するほかなくなるのです。

神のエネルギーにコンタクトし始めると、人生が素晴らしいものとなり、あなたはまぎれもない幸福感を発散するようになるでしょう。内なる喜びを感じ、それをまわりに広げてゆく、これ以外に人生の目的があるでしょうか？　その時、私たちは初めて次のように言うことができるのです。

「私は世界を照らす光です」

それでは、アファメーションを一つお教えしましょう。一日のうちいつでもいいですから、時間を作って、くり返し何度でも言ってください。そうすることによって、やがてあなたは、あなたの存在全体で〈絶対的な真理〉を感じ取ることができるようになります。アファメーションを行なう時は、自分が光そのものである様子をありありと思い描きましょう。

私は神、神は私。

この章を終えるにあたって、そして、この本を終えるにあたって、私は次の言葉をあなたに贈りたいと思います。

〈力への愛〉にではなく〈愛の力〉に満たされたとき、人は〈神〉という新たな名前を得る。

――シュリ・チンモイ

おわりに

私たちは、本を買って読むとき、普通は一気に読み飛ばすものです。章ごとに、またはページごとに立ち止まって、内容をじっくり消化・吸収しようと思いながら読む人は、かなりまれではないでしょうか。

でも、そのようにして読むのが、じつは、本を買ったお金を無駄にしないための唯一のやり方なのです。

本を買っては読み飛ばし、次から次へと本棚に並べるのでは、真の意味で本を読んだことにはなりません。

本棚に本がびっしり詰まっているからといって、その人の心が進化しているということにはならないのです。単に知識を吸収したいと思っている人であることを示しているにすぎません。

霊的な面で大きく飛躍するためには、自分が興味を感じる書物の内容をしっかりと消化・吸収しなければなりません。

ですから、この本を本棚に並べてほこりにさらす前に、もう一度始めに戻って読み直し、じっくりとその内容を消化・吸収するようにしてみてください。

きっとあなたは、その思いがけない効果に驚くことになるでしょう。

◇著者◇
リズ・ブルボー（Lise Bourbeau）
1941年、カナダ、ケベック州生まれ。いくつかの会社でトップセールスとして活躍したのち、自らの成功体験を人々と分かち合うためにワークショップを開催。現在、20カ国以上でワークショップや講演活動を行なっている。肉体のレベル、感情のレベル、精神のレベル、スピリチュアルなレベル、それぞれの声に耳をすますことで〈心からの癒し・本当の幸せ〉を勝ち取るメソッドは、シンプルかつ具体的なアドバイスに満ちており、著書は本国カナダであらゆる記録を塗りかえる空前のベストセラーとなった。
http://www.ecoutetoncorps.com/

◇訳者◇
浅岡夢二（あさおか・ゆめじ）
1952年生まれ。慶應義塾大学文学部仏文学科卒業。明治大学大学院博士課程を経て中央大学法学部准教授。専門はアラン・カルデック、マリ・ボレル、リズ・ブルボーを始めとする、フランスおよびカナダ（ケベック州）の文学と思想。現在、人間の本質（＝エネルギー）を基礎に据えた、「総合人間学（＝汎エネルギー論）」を構築中。フランス語圏におけるスピリチュアリズム関係の文献や各種セラピー・自己啓発・精神世界関連の文献を精力的に翻訳・紹介している。訳書に『〈からだ〉の声を聞きなさい①②』『〈からだ〉の声を聞きなさいQ＆A［大切な人との関係］編』『私は神！ リズ・ブルボー自伝』『五つの傷』『自分を愛して！』『ジャンヌ・ダルク 失われた真実』『光の剣・遥かなる過去世への旅』（ハート出版）など多数。

あなたは誰？

平成20年4月14日　　第1刷発行

著　者　リズ・ブルボー
訳　者　浅岡夢二
装　幀　フロッグキングスタジオ
発行者　日高裕明
発　行　株式会社ハート出版

〒171-0014 東京都豊島区池袋3-9-23
TEL03-3590-6077 FAX03-3590-6078
ハート出版ホームページ http://www.810.co.jp

乱丁、落丁はお取り替えします。その他お気づきの点がございましたら、お知らせください。

Printed in Japan ISBN978-4-89295-585-3
印刷・製本 中央精版印刷株式会社

ハート出版のスピリチュアル・シリーズ

世界を感動させた永遠のベストセラー、その原点がここにある！

〈からだ〉の声を聞きなさい

リズ・ブルボー 著　浅岡夢二 訳　本体1500円　ISBN4-89295-456-X

ベストセラー完結編。もっとスピリチュアルに生きるために！

〈からだ〉の声を聞きなさい ②

リズ・ブルボー 著　浅岡夢二 訳　本体1900円　ISBN4-89295-516-7

あなたを変えるスピリチュアルな発見

私は神！　リズ・ブルボー自伝

リズ・ブルボー 著　浅岡夢二 訳　本体1900円　ISBN4-89295-526-4

心の痛みをとりのぞき 本当の自分になるために

五つの傷

リズ・ブルボー 著　浅岡夢二 訳　本体1500円　ISBN4-89295-541-8

出会い、恋愛、そして結婚の本当の意味とは

〈からだ〉の声を聞きなさい Q&A ［大切な人との関係］編

リズ・ブルボー 著　浅岡夢二 訳　本体1300円　ISBN978-4-89295-559-4

病気と不調があなたに伝える〈からだ〉からのメッセージ

自分を愛して！

リズ・ブルボー 著　浅岡夢二 訳　本体2100円　ISBN978-4-89295-574-7

天使の“声”に導かれた少女

ジャンヌ・ダルク　失われた真実

レオン・ドゥニ 著　浅岡夢二 訳　本体1500円　ISBN4-89295-486-1

スピリチュアル・セラピーで〈からだ〉の力を取り戻す

光の剣・遥かなる過去世への旅

クリスチアン・タル・シャラー 著　浅岡夢二 訳　本体1500円　ISBN4-89295-502-7